EIN GUTES STÜCK BREMEN

Hundert Jahre
Karstadt in Bremen

»Ein gutes Stück Bremen« – das
Haus Obernstraße mit Rathaus
und Dom auf einem Gemälde
von H. Dieckmann, 1988

Ein gutes Stück Bremen

Hundert Jahre Karstadt in Bremen

1902–2002

Zusammengestellt
von Hans-Georg Schriever-Abeln

EDITION TEMMEN

Inhalt

Zum Geleit	6
Vorwort	7
Lange vor Karstadt	8–9
Die Geschäftsaufnahme in Bremen	10–13
Die Entwicklung bis zum Neubau 1932	14–21
Die Planung des Neubaus	22–23
Der Baubeginn des neuen Hauses	24
Die Bauzeit 1930–31	25–26
Fünfzig Jahre Rudolf Karstadt	27–29
Die Eröffnung 1932	30–33
Die Jahre bis zum Zweiten Weltkrieg	34–37
Karstadt im Zweiten Weltkrieg	38–40
Karstadt ist ausgebombt	41–43
Kriegsende und Neuanfang	44–45
Der Wiederaufbau	46–47
Zwischen Währungsreform und Wirtschaftswunder	48–51
Die Wiedereröffnung des Hauses Obernstraße	52–55
50 Jahre Karstadt Bremen	56–58
Karstadt in den Fünfzigern	60–61
75 Jahre Rudolf Karstadt AG	62–63
Die späten fünfziger Jahre	64–69
Die sechziger Jahre	70–75

Inhalt

	Die siebziger Jahre	76–89
	Karstadt und der Sport	90–91
	Hundert Jahre Karstadt	92–95
	Die achtziger Jahre	96–112
	Die neunziger Jahre	113–124
	Das 21. Jahrhundert	126–135
	Das Haus in Zahlen	136–137
	Der Erwerb der Grundstücke in der Sögestraße	138
	Der Erwerb der Grundstücke in der Obernstraße	139
	Kundendienste	140–149
	Hinter den Kulissen	150–153
	Die finanzielle Seite	154
	Die soziale Seite	155
	Betriebsrat und Betriebssport	156–159
	Der »erste Karstädter«	160–161
	Die Unternehmensgeschichte	162–167
	Die »Karstädterinnen« und »Karstädter«	168–172
	Alles Gute zum Geburtstag!	173
	Impressum	174

Zum Geleit

Wenn ein Kaufhaus heute auf hundert Jahre Geschichte zurückblicken kann, ist das ganz gewiß ein Anlaß zu Stolz und Freude. Hinter einem solchen Jubiläum stehen verantwortungsbewußte Menschen, die mit ihrer Arbeit, ihrem Engagement und ihrer Weitsicht die Entwicklung aus kleinsten Anfängen ermöglicht haben. Es ist eine Erfolgsgeschichte, in der jede Generation ihren Beitrag geleistet hat und es immer wieder gelungen ist, auf veränderte Ansprüche der Kunden und Herausforderungen des Marktes zu reagieren.

In Bremen heißt es wie selbstverständlich: »Unser« Karstadt. Das macht deutlich, wie sehr sich die Bremerinnen und Bremer mit dem Haus in der Obernstraße identifizieren, das schon wegen seiner exponierten Lage bei einem Einkaufsbummel als erstes angesteuert wird. Gewiß – der Bekanntheitsgrad von Karstadt liegt bundesweit bei 92 Prozent. Eine Zahl, die sich sehen lassen kann. Ich behaupte aber, in Bremen liegt er bei 100 Prozent. Diese hohe Akzeptanz liegt zum einen zweifellos in der großen Auswahl und der freundlichen Bedienung durch fachkundiges Personal begründet. Nicht unwesentlich haben aber auch verschiedene Aktivitäten des Hauses dazu beigetragen, mit denen Karstadt sich für Bremen engagiert hat. Ich erinnere mich beispielsweise noch gut an die Aktion zur Rettung des Leuchtturmes Roter Sand in den 80er Jahren. Damals prangte eine Nachbildung des Turmes unübersehbar an der Fassade des Kaufhauses.

Mit dem neu erbauten Sporthaus hat Karstadt in Bremen einen weiteren Akzent in der Bremer Innenstadt gesetzt. Und bundesweit einmalig ist es wohl, daß man bei Karstadt in Bremen Polizisten im Schaufenster sehen kann. Das gläserne Kontaktbüro halte ich für eine vorzügliche Einrichtung. Sie trägt, wie ich meine, sehr zu einem entspannten Verhältnis zwischen Bevölkerung und Polizei bei.

Ich gratuliere dem Geburtstagskind Karstadt Bremen im Namen des Senats ganz herzlich und wünsche uns allen, daß dieses Haus weiterhin zu Bremen gehören wird wie der Roland. Das vorliegende Buch empfehle ich gerne zur Lektüre, denn es dokumentiert neben der Firmengeschichte in vielen schönen historischen Bildern auch ein Stück Bremer Geschichte.

Dr. Henning Scherf
Bürgermeister der
Freien Hansestadt Bremen

Vorwort

Hundert Jahre Karstadt Bremen – das ist ohne Zweifel ein Anlaß zum Feiern.
Aber wie immer, wenn sich ein Jubiläumsdatum nähert, steht man vor der Frage, wie denn dieser Anlaß gebührend gewürdigt werden soll. Eine aufwendige Festdekoration mit vielen Jubiläumszahlen im Lorbeerkranz? Jubiläums-Sonderaktionen im Kaufhaus selbst? Ein großes Fest mit Würstchen und Freibier?
All das ist naheliegend, all das hat es schon gegeben zu früheren Anlässen. Aber eine »runde Hundert« feiert man nur alle hundert Jahre einmal. Was also läge näher, als einen umfassenden Rückblick zu wagen auf diese ersten hundert Jahre? Hundert Jahre, in denen – wie wir glauben – Karstadt Bremen nicht einfach nur »ein großes Kaufhaus in Bremen« war, sondern ein integrierter Bestandteil dieser Stadt geworden ist, ein gutes Stück Bremen selbst.

Dieses Buch unternimmt den Versuch, die Geschichte des Hauses nachzuzeichnen von den Anfängen bis in die Gegenwart, von Rudolph Karstadts Eintragung beim Handelsregister der Freien Hansestadt Bremen im Oktober 1902 bis zu den Neugestaltungsmaßnahmen an unserer Außenfassade im Jahre 2002.
Aber in unserem Jubiläumsbuch sollten nicht die Historiker zu Wort kommen und nicht die Wirtschaftswissenschaftler, es sollte auch nicht die Unternehmensleitung mit umfangreichen Statistiken brillieren.
Wir wollten vielmehr einen bunten Bilderbogen präsentieren aus der und über die Geschichte des Bremer Hauses ebenso wie über die Geschichte des Hauses in Bremen. Wenn unsere Auslagendekoration in Obern- und Sögestraße Bezug nimmt auf Ausstellungen in der Kunsthalle, wenn wir unsere Veranstaltungen in Bremer Institutionen wie dem Musical-Theater durchführen, wenn eine Einrichtung wie das Universum zu Gast ist bei Karstadt, dann ist dies ein sichtbarer Ausdruck des Selbstverständnisses unseres Hauses. Wir sehen uns als mehr denn nur die Bremer Filiale eines großen Konzernes, und das wollten wir dokumentieren.
Und weil Karstadt ohne seine »Karstädterinnen und Karstädter« nicht denkbar ist, sollte es gleichzeitig auch ein Buch über die »Karstädter« werden, über die Mitarbeiter, die in diesen hundert Jahren viel zum Erfolg und zur Integration Karstadts in Bremen beigetragen haben.
In diesem Sinne möchten wir dem Karstadt-Pensionär Hans-Georg Schriever-Abeln danken, der mit großem Fleiß das Material zu diesem Band zusammengetragen hat, sowie allen anderen aktiven und ehemaligen Mitarbeitern, die für dieses Projekt ihre Erinnerungsstücke und Bilder zur Verfügung gestellt haben. Wir danken auch Helmut Einfalt für redaktionelle Betreuung und Gestaltung des Buches.

Wir widmen dieses Buch allen Mitarbeitern, Freunden und Kunden von Karstadt Bremen und wünschen ihnen und uns viel Vergnügen bei der Lektüre und viel Erfolg für die zweiten hundert gemeinsamen Jahre!

Bremen, im Jubiläumsjahr 2002

Heinz-Jürgen Wagner
Geschäftsführer

Christoph Kellenter
Geschäftsführer

Lange vor Karstadt

So um 1200 ziehen sich südlich vom Markt noch Budenreihen bis runter zur Balge hin. Das westliche Gebiet mit Obern- und Sögestraße wird ab jetzt planmäßig besiedelt. Noch sind die meisten Häuser aus Holz sowie aus Lehmverstrich und Flechtwerk erbaut. Nur hier und da sieht man steinerne Wohntürme aus Findlingen. Doch ab ca. 1200 werden die ersten Ziegel gebrannt, so daß jetzt auch aufwendigere Bürgerhäuser entstehen können. Als Zeichen eines besonderen Selbstbewußtseins der Bremer Bürger wird 1404 der steinerne Roland errichtet.

Das alte Rathaus, bisher ein Doppelhaus zwischen Söge- und Obernstraße, wird durch die Erbauung des gotischen Rathauses von 1404–1410 abgelöst.

Während sich um 1500 am alten Rathaus zwischen der Sögestraße und dem Liebfrauen Kirchhof die Buden der ratsfähigen Oberschicht mit importierten Stoffen etabliert haben (im Laufe der Zeit kommen auch andere Waren hinzu), betreibt das Handwerk mit seinen Erzeugnissen eigene Buden.

An der Obernstraße gibt es immerhin 29 Schuhbuden und zwischen der Obernstraße und der Langenstraße werden Fleischer und Brothäuser genannt.

Die noch heute geläufigen Namen wie Stintbrücke, Knochenhauer-, Pelzer-, Bäckerstraße und andere weisen darauf hin.

Der Warenaustausch zwischen Stadt und Land wird lebhafter. Der Handel wird nicht nur von den Fernhändlern, sondern auch von den zunftmäßig organisierten Kramern betrieben; sie handeln auf dem Markt mit kleineren Warenmengen und sind im allgemeinen sehr vielseitig. 1533 wird der Handel mit billigerer Kramware (bestimmte Arten von Textilien und

Lange vor Karstadt

Nahrungsmitteln) freigestellt, wodurch sich Handelsmöglichkeiten für Angehörige der Unterschicht ergeben.

In der Zwischenzeit wächst auch das Verkehrsaufkommen. Seit 1845 gibt es sogar zwei Linienwagen (Pferde-Omnibusse) für den Personenverkehr zwischen Doventor und Buntentor. Die Linie führt über die Faulen-, Hutfilter-, Obernstraße und den Markt.

Der Haus- und Ladenhandel verbreitet sich immer mehr. Hat der Kleinhandel seine Interessenvertretung bisher im Krameramt, so wird er ab 1849 fachlich von der Handelskammer vertreten. In dieser herrschen jedoch die Großkaufleute. Das hat zur Folge, daß sich die Eigentümer der Ladengeschäfte in einer eigenen Kammer für Kleinhandel organisieren.

1899 gibt es in Bremen immerhin bereits 1600 Ladengeschäfte. Aus dieser Zeit stammt die Aufnahme unten mit Blick in die Obernstraße.

Ist es zunächst noch das herumziehende Hausiergewerbe, das sich dem mittlerweile entstandenen gewerblichen Mittelstand und dem Kleingewerbe als Konkurrenz darstellt, so tritt in Zukunft ein neuer Mitbewerber in Erscheinung: die Warenhäuser, die um die Jahrhundertwende auch in Bremen eingerichtet werden.

Es sind zunächst Geschäfte in der Stadtmitte, die in mehreren Stockwerken Verkaufsräume besitzen. Dazu gehören die Firma J.F. Neumeyer in der Faulenstraße und – ab 1902 – die Firma Karstadt in der Sögestraße.

Die Geschäftsaufnahme in Bremen

K No 290 II

H. R. 10 Fol. 230.

Handelsregister

der

freien Hansestadt Bremen.

Akten

betreffend die Firma

Rudolph Karstadt

jetzt: *Rudolph Karstadt Kommanditgesellschaft*

in Bremen.

Erloschen 1920

Die Geschäftsaufnahme in Bremen

1902

Am 3. Oktober erfolgt die Eintragung in das Handelsregister Bremen durch Rudolph Karstadt.

Die Geschäftsaufnahme in Bremen

Eröffnung

meines

Mode-, Manufactur-, Confections- u. Ausstattungs-Geschäfts

am Sonnabend, den 11. October.

Rudolph Karstadt,

Sögestraße 33a.

Den 248.269 Einwohnern der Stadt Bremen sowie dem Umland wird in den Tageszeitungen die Eröffnung des neuen »Mode-, Manufactur-, Confections- und Ausstattungs-Geschäfts« angezeigt.

Die Geschäftsaufnahme in Bremen

Am Sonnabend, den 11. Oktober erfolgt die Eröffnung der 25. Filiale unter dem Namen »Rudolph Karstadt«. Karstadt hat das Manufaktur- und Modegeschäft des Th. Graser aufgekauft und das Geschäftshaus für seine Zwecke adaptiert. Das Haus Ecke Söge-/Pelzerstraße mit dem charakteristischen Uhrtürmchen wird vom Geschäftsführer Max Bittorf geleitet. 40 Angestellte, Damen und Herren, dienen dem Wohle der verehrten Kundschaft.

Die revolutionäre Geschäftspolitik zu dieser Zeit heißt: »Es gibt billige, aber feste Preise und abgerechnet wird in bar«.

Die Entwicklung bis zum Neubau 1932

1907
Erstmals werden »WEISSE WOCHEN« und »95-PFENNIG-TAGE« durchgeführt. Beide Aktionen sind die Vorläufer der noch immer beliebten Haushaltswaren- und Wäscheverkäufe.

Das Alte muß raus (Anzeige vom 3. Januar 1909), damit Platz geschaffen wird für die neuesten Herbst-Moden (24. September 1916).

Die Entwicklung bis zum Neubau 1932

1907
Vergrößerung durch weitere Übernahme von Grundstücken in der Sögestraße von den Firmen Gürdendiek (oder Grottendiek) und in der Pelzerstraße von Harves und Junge (endgültige Übernahme laut Urteil vom 1. November 1924 und nach Zwangsversteigerung 1932). Die Firma hat jetzt rund 100 Mitarbeiter.

1908
Am 23. September Neueröffnung eines Spezial-Möbelhauses in der Obernstraße 29/31. Auf drei Etagen und in einem Nebenhaus werden hier 14 Angestellte beschäftigt. Etwa gleichzeitig Neueröffnung eines Spezial-Teppichhauses in der Sögestraße 30/32.

Ein »R.K«-Logo aus der Zeit vor dem Ersten Weltkrieg.

1912
Schon 1912 bediente sich Karstadt eigener »Lieferwagen«. Damit der Kunde schnell zu seinen Waren kam, wurde dieser »Service mit einem PS« eingeführt.
Etwa um diese Zeit wurde auch das Logo links verwendet.

1914
Die Fabrikation von Ledermöbeln für die Schiffe der Marine durch die Spezialwerkstätten des Karstadt-Hauses in Bremen wird eingestellt. Die Produktion wird auf die Herstellung von Tornistern für das Korps-Bekleidungsamt umgestellt.

Die Entwicklung bis zum Neubau 1932

1913

entstanden die folgenden
Zehn Gebote für den Lehrling.

1. Bedenke beim Eintritt als Lehrling in ein Geschäft, daß du die Grenze von der Kindheit, in der jeder deiner Schritte von anderen gelenkt und vorgezeichnet wurde, überschritten hast und in ein Lebensalter eingetreten bist, wo du dich selbst überwachen und leiten mußt, wenn du etwas Tüchtiges lernen und ein brauchbarer Mensch werden willst.

2. Laß dich nie zu einer Arbeit drängen, sondern versuche, dich selbst nützlich zu machen.

3. Scheue dich daher auch vor keiner Arbeit. Glaube nicht etwa, daß du für diese oder jene Arbeit zu gut bist.

4. Scheue dich auch nicht, deinen Vorgesetzten, den älteren Angestellten, kleine Privatdienste zu leisten.

5. Sei hilfsbereit und gefällig selbst gegen diejenigen, die in ihrer sozialen Stellung unter dir stehen, gegen Hausdiener, Laufburschen, Arbeiter usw.

6. Lasse dich aber auch nicht ausnutzen durch Angestellte, nicht zurückdrängen in deinem Streben und Vorwärtskommen.

7. Denke in jedem Augenblick daran, wie du dem Geschäft Vorteile bringen kannst.

8. Scheue dich nicht zu fragen, ehe du etwas tust, über das du nicht ganz genau Bescheid weißt.

9. Belästige aber nicht fortdauernd mit Fragen deine Vorgesetzten, sondern suche dir durch eigenes Denken Selbständigkeit zu erwerben.

10. Blicke dich um, kümmere dich um alles, was das Geschäft betrifft, aber mische dich nicht ein in Dinge, die dich nichts angehen.

Kurzfassung aus »DER JUNGE KAUFMANN«, 5. Jahrgang Nr. 3, März 1913

1914

Seit dem Kriesgausbruch 1914 sah es in den Warenhäusern aus »wie auf einem Friedhof« (Dr. Friedrich Schmitz). Die Umsätze gingen zurück. Dr. Schmitz, damals Geschäftsführer in Essen, versammelte seine Mitarbeiter im Erdgeschoß, schilderte die düstere Lage und erklärte: »Entweder gibt es große Entlassungen, oder jeder – vom Geschäftsführer bis zum Lehrling – muß auf ein Drittel seiner Bezüge verzichten.« Sein Vorschlag wurde angenommen.

Die Entwicklung bis zum Neubau 1932

Werbung

In den frühen Jahren scheint fast jedes Mittel recht gewesen zu sein, um die eigenen Waren anzukündigen. Während Karstadt aber – gemäß der Firmenphilosophie – bemüht war, Solidität auszustrahlen, erlegten sich manche Mitbewerber weniger Zurückhaltung auf...

Die Entwicklung bis zum Neubau 1932

1915
wird mit der Annonce oben für das Weihnachtsgeschäft geworben.

1917
Übernahme der Bremer Firma Huwendiek und Joswie (Damenwäsche).

1918
zeigt Rudolph Karstadt die Umwandlung der Einzelfirma in eine Kommanditgesellschaft an (rechts).

Die Entwicklung bis zum Neubau 1932

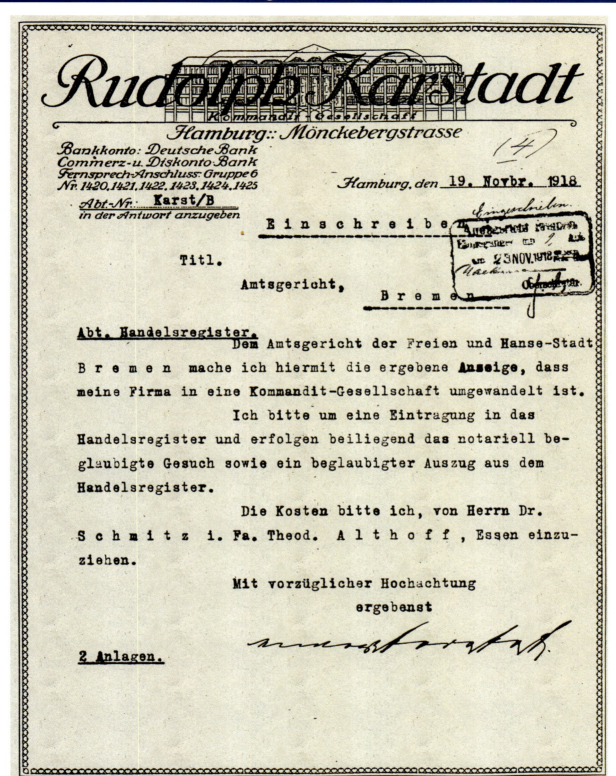

Die Entwicklung bis zum Neubau 1932

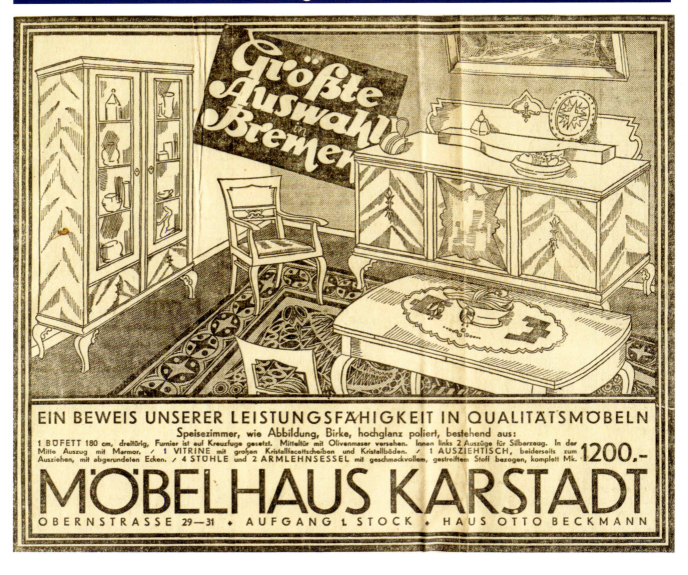

1919
Weitere Übernahmen von Bremer Firmen: Carl-Schütte, Ecke Sögestraße / Große Hundestraße (Damenbekleidung), Gottwald & Ohly in der Sögestraße (Spielwaren).

1922
Wechsel in der Geschäftsleitung, Herr Hugo Oxen leitet jetzt die Bremer Karstadthäuser.

1923
Abriß des Möbelhauses und Übersiedlung in das als Verkaufsraum hergerichtete Packhaus Otto Beckmann in der Obernstraße. Aus dieser Zeit stammt die Anzeige oben.

Die Entwicklung bis zum Neubau 1932

Inflation in Deutschland. Die Waren können nicht mehr ständig mit den neuesten Preisen ausgezeichnet werden. Der Grundpreis wird auf Listen festgehalten und täglich mit einem anderen Multiplikator (je nach Dollarkurs) neu errechnet.

Im August 1923 beschäftigt Karstadt 25 Schneiderinnen. Ein gewählter Betriebsrat besteht nicht. Es wird Kurzarbeit eingeführt.

1926

Karstadt macht sich in Bremen zum ersten Male selbst Konkurrenz. Nach Gründung der EPA (Einheits Preis A.G.) eröffnet in Bremen die erste Filiale dieses neuen, nach amerikanischem Muster konzipierten Geschäftstypes.
Die EPA erzielt Umsatz mit einem gestrafften Sortiment von Artikeln des täglichen Bedarfs in festen Preislagen – zunächst 10, 20, 50 und 100 Pfennigen. Diese »Einheitspreise« liegen auch dem Namen zugrunde.

Wechsel in der Geschäftsleitung: Max Gimball übernimmt die Leitung in Bremen.

Um 1927 inseriert Karstadt auch in einem Bremer Theaterprogrammheft.

Die Planung des Neubaus

1927

Übernahme der Bremer Firma Lindemann und Suhling in der Obernstraße 11–13.

Herr Ignatz Rodoschinski tritt als weiterer Geschäftsführer in die Leitung der Bremer Häuser bei Karstadt ein.

Ende 1927 beginnen die Planungen für das neue Karstadt-Haus in der Obern-, Söge- und Großen Hundestraße – und damit auch die Aufregungen einiger Bremer. Ein Neubau dieses Ausmaßes wird allein schon wegen seiner Lage nicht kritiklos hingenommen. Dabei geht es nicht nur um die Zerstö-

rung einer Reihe alter Häuser und um die monströsen Ausmaße des Baukörpers, der in einem Mißverhältnis zum nahen Marktplatz steht, sondern auch um die Aufhebung der Kreyenstraße.

Die zeitgenössische Karikatur befürchtet, daß Rathaus, Roland und Liebfrauenkirche zwischen dem neuen Karstadt-Haus und der ebenfalls neuen »Glocke« sozusagen erdrückt werden könnten. Die Karikatur oben zeigt bei Karstadt einen »Hochhausbau« an der Ecke Obern-/Sögestraße, der sich an den in den ersten Entwürfen der Architekten enthaltenen »Eckturm« anlehnt, welcher in dieser Form aber nicht realisiert wurde.

1927 wirbt Karstadt Bremen in den Bremer Tageszeitungen im Stil der Zeit für modische Kleiderschnitte (links).

Durch Vertragsabschluß mit der Bürgerschaft Ende 1927 gibt Karstadt zur Verbreiterung von Obern-, Söge- und Großen Hundestraße Grundstücksanteile aus seinem Besitz ab. Im Gegenzug wird die Genehmigung zur Bebauung der Kreyenstraße erteilt. Die Deutschvölkischen nutzen diesen Anlaß und entfachen eine lautstarke Propaganda gegen die Warenhäuser im allgemeinen, dringen jedoch gegen die handfesten Wirtschaftsinteressen jener Zeit nicht durch: Sehr bald beginnt der Abriß zahlreicher Häuser, und das Warenhaus Karstadt etabliert sich massig an der Obern- und Sögestraße als Denkmal der »neuen Sachlichkeit«. Den Zuschlag für den Bau haben die Bremer Architekten Behrens und Neumark erhalten. Ihr Warenhausentwurf ist in Stil und Ausführung durchaus zeitgemäß, die Größenordnung allerdings sprengt den Rahmen des in Bremen Gewohnten.

Welche Bedeutung die Obernstraße für Bremen schon 1927 hat, zeigen die Verkehrszahlen: So fahren alleine für den Personenverkehr in den Spitzenstunden 144 Straßenbahnwagen, 63 Personenwagen, 19 Krafträder und 386 Fahrräder durch die Obernstraße. Durch sie werden mehr als 11.000 Menschen befördert. Hinzu kommen dann noch viele Lastkraftwagen, Pferdefuhrwerke und Handkarren.

Die Planung des Neubaus

1928. Juli 6.   193

Auszug aus der

Mitteilung des Senats
vom 6. Juli 1928.

Inhaltsverzeichnis.

1. Neubau des Warenhauses der Rudolph Karstadt A.-G. zwischen Obernstraße, Sögestraße und Gr. Hundestraße — Aufhebung der Kreyenstraße . . . . S. 193.

1. Neubau des Warenhauses der Rudolph Karstadt A.-G. zwischen Obernstraße, Sögestraße und Gr. Hundestraße — Aufhebung der Kreyenstraße.

Der Senat läßt der Bürgerschaft anliegend einen Bericht der Deputation für Bauwesen und Stadterweiterung, Ausschuß für Stadterweiterung und Grundstücksverwaltung, mit seiner Zustimmungserklärung zugehen. Er ersucht die Bürgerschaft, ihm beizutreten.

Bericht.

Über den in der Überschrift bezeichneten Gegenstand hat die Deputation für Stadterweiterung und Grundstücksverwaltung am 15. Dezember 1927 einen Bericht vorgelegt und beantragt, den mit der Karstadt A.-G. unter Vorbehalt der Genehmigung von Senat und Bürgerschaft geschlossenen Vertrag vom 15. Dezember 1927 zu genehmigen und ferner der durch den Vertrag notwendigen Aufhebung der Kreyenstraße zuzustimmen (Verhdlgen. zw. S. u. B. v. 1927 S. 565 ff.). Die Bürgerschaft hat am 30. Dezember 1927 die Vorlage mit einem Antrage zurückverwiesen, wonach

1) mit der Karstadt A.-G. Verhdlgen. über Herabsetzung der vom Bremischen Staat zu zahlenden Entschädigungssumme geführt werden sollten,
2) die Aufhebung der Kreyenstraße unterbleiben und die Straße auf 6 m Breite gebracht werden sollte.

Die Deputation hat die Angelegenheit noch einmal eingehend geprüft. Sie ist nach wie vor der Ansicht, daß sich die Aufhebung der Kreyenstraße empfiehlt.

Es ist sodann noch einmal mit der Karstadt A.-G. verhandelt. Sie lehnt eine Ermäßigung der vereinbarten Summe von 100 000 RM ab. Die Deputation hält diese Entschädigung auch für angemessen.

Die Deputation beantragt daher erneut, den mit der Karstadt A.-G. am 15. Dezember 1927 geschlossenen Vertrag zu genehmigen und der Aufhebung der Kreyenstraße zuzustimmen.

Die Deputation für Bauwesen und Stadterweiterung,
Ausschuß für Stadterweiterung und Grundstücksverwaltung.
(gez.) E. Sommer.   (gez.) J. Lautz.

7. Neubau des Warenhauses der Rudolph Karstadt A.-G. Aufhebung der Kreyenstraße.

Die Bürgerschaft genehmigt den mit der Karstadt A.-G. am 15. Dezember 1927 geschlossenen Vertrag und stimmt der Aufhebung der Kreyenstraße (Verhdlgn. S. 193) zu.

Der Baubeginn des neuen Hauses

1928

Im Sommer dieses Jahres wird der Vertrag zwischen Karstadt und der Bremer Bürgerschaft endgültig rechtswirksam und die Kreyenstraße damit aufgehoben – dem Baubeginn steht nun nichts mehr im Wege.

Um diese Zeit taucht erstmals das neue Markenzeichen – heute würde man Logo sagen – der Firma Karstadt mit der Fackel auf.

1929

Auflösung der Geschäfte von Huwendiek und Joswie, der Schütte GmbH und Gottwald und Ohly wegen des geplanten Neubaus von Karstadt in der Obernstraße und Sögestraße.

Vorübergehende Übersiedlung der Karstadt-Geschäfte in das Packhaus Otto Beckmann. Die Möbelabteilung wird zwischenzeitlich in die Langenstraße 135 gegenüber dem Essighaus verlegt.

Am 7. Juni 1929 beginnt der Abbruch der älteren Gebäude in der Sögestraße. Die alten Einzelhäuser mit ihren Fassaden zur Obernstraße müssen ebenfalls dem Neubau weichen. Unten links die Wiedergabe einer Postkarte mit der Situation, wie sie zwischen 1903 und 1928 an der Ecke Obern-/Sögestraße herrschte.

1930

Rechts ein Blick, wie er so weder vorher noch nachher möglich war: hinter der Baugrube des Karstadt-Neubaus die Fassadenreihe jener Häuserzeile, die die Sögestraße vom Liebfrauenkirchhof abgrenzt. Unten rechts ein Blick in einen der Hinterhöfe an der Großen Hundestraße (der heutigen Lloyd-Passage). Im Hintergrund erhebt sich bereits der Karstadt-Neubau.

Die Bauzeit 1930–31

Die Bauzeit 1930–31

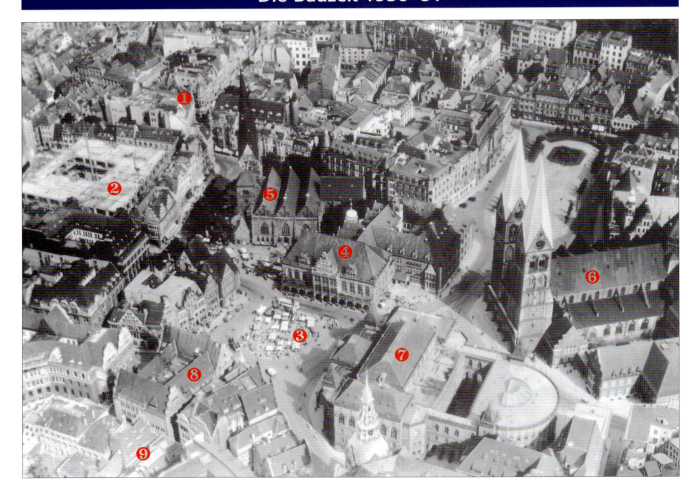

1930–1931

Die Kommunistische Partei (KPD) gibt als Propagandaschrift – wohl in Anlehnung an das Firmenzeichen – eine sogenannte »Karstadt-Fackel« heraus. Es sind hektographierte Blätter, die in Bremen selbst hergestellt werden.

Die Weltwirtschaftskrise trifft Deutschland hart. Einer neuerlichen galoppierenden Inflation wird durch rigorose Maßnahmen entgegengewirkt, aber die Arbeitslosenzahlen von 34,7% (1931) und die Rezession bringen für alle Branchen schwere wirtschaftliche Probleme mit sich – Umsätze und Erträge schwinden, Firmenzusammenbrüche häufen sich.

Trotz der Krise, die auch Karstadt nicht verschont, geht der Neubau zügig voran. Die Luftaufnahme von 1931 zeigt die enorme Größe des Baukörpers im Vergleich nicht nur zu den Nachbarhäusern, sondern auch zu Dom und Börse.

1 Das alte Karstadt-Haus Ecke Söge-/Pelzerstraße
2 Der Neubau zwischen Obern-, Söge- und Großer Hundestraße (heute Lloyd-Passage)
3 Markt mit Roland
4 Rathaus
5 Liebfrauenkirche
6 Dom
7 Börse (jetzt Haus der Bürgerschaft)
8 Schütting
9 Böttcherstraße

Fünfzig Jahre Rudolf Karstadt

Fünfzig Jahre Rudolf Karstadt

JUBILÄUMS-VERKAUF

Wir vollbringen eine Leistung, die alle bisherigen Veranstaltungen in den Schatten stellt. Dieses Mal übertreffen wir uns selbst!

1931

Am 24. April feiert Karstadt sein Jubiläum zum fünfzigjährigen Bestehen – und Bremen feiert mit. Eine achtseitige großformatige Zeitungsbeilage informiert über Sonderangebote (oben die Hauptschlagzeile und das Motto »Dieses Mal übertreffen wir uns selbst!«, unten einige Ausschnitte). Das umseitig abgebildete Titelblatt zeigt das Stammhaus in Wismar und den Firmengründer – bei dem Großkaufhaus im Hintergrund handelt es sich allerdings nicht um das seiner Vollendung zustrebende neue Haus in Bremen, sondern um das ebenfalls erst kürzlich fertiggestellte Haus am Hermannplatz in Berlin, das damals zu den modernsten und größten Warenhäusern Europas gehört.

Die Karstadt-Mitarbeiter erhalten regelmäßig gymnastischen Unterricht durch ein Institut für Gesundheit und Leistung. Die Übungen finden im Haus Atlantis in der Böttcherstraße statt.

1931–1932

Acht Wochen vor der Eröffnung des neuen Hauses wird noch ein letztes Mal abverkauft (rechts).

Fünfzig Jahre Rudolf Karstadt

Die Eröffnung 1932

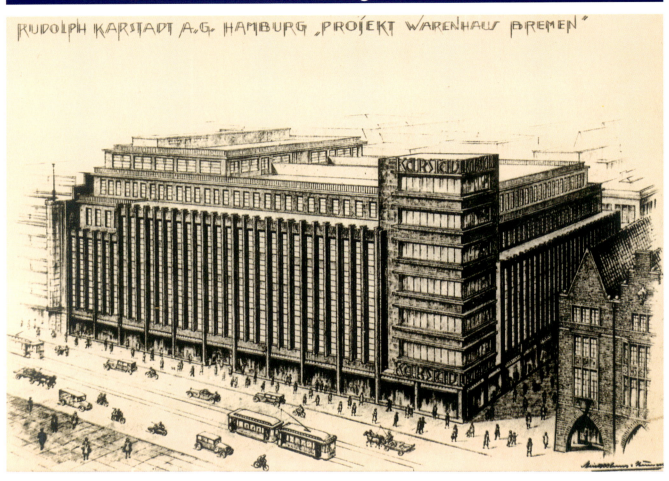

1932

Am 26. Februar Neueröffnung des Kaufhauses Karstadt an seinem heutigen Standort, Obernstr. 5–19, Sögestraße 2–14 und Große Hundestraße (heute Lloydpassage).

Die Entwurfszeichnungen der Architekten Wilhelm Behrens (1873–1956) und Friedrich Neumark (1877–1957) lassen aufgrund des in der Wirklichkeit so nicht möglichen Blickwinkels erst die tatsächliche Größe der Baumasse im Vergleich zu den Nachbargebäuden ermessen. Vergleicht man den älteren Entwurf links mit der Ansicht rechts, so fällt der »Turm« an der Ecke Obern-/Sögestraße – wohl auch Anlaß zu der weiter vorne wiedergegebenen Karikatur – ins Auge. Obwohl die Grundstruktur gegenüber diesem frühen Entwurf in der Ausführung erhalten blieb, wurde letztlich auf den Aufsatz verzichtet und auch die Fassade großflächiger gegliedert. Das Architektenduo war seit 1899 in Bremen tätig. Zu seinen erhaltenen Bauten gehört das 1916–18 erbaute Arbeiteramt der A.G. »Weser« (Use Akschen 4), das lange Zeit als Betriebsratsgebäude der Werft diente und seit 2000 als »Lichthaus« zum Ausstellungs- und Kulturzentrum wurde. Erhalten geblieben ist auch das Speisehaus der A.G. »Weser« von 1916 am Schiffbauerweg.

Die Eröffnung 1932

Das neue Warenhaus mit einer Verkaufsfläche von 13.000 Quadratmetern wird am Nachmittag um 15.30 Uhr als echte Sensation für Bremen eröffnet.
Auf sechs Verkaufsgeschossen, mit großem Lichthof, acht Rolltreppen sowie fünf Aufzügen, wird eines der größten deutschen Warenhäuser in Betrieb genommen. Eine eigene Bäckerei, ein Friseurbetrieb und ein Dachcafé mit Livemusik gehören zur Erstausstattung. Die Anzahl der Karstadt-Mitarbeiter in Bremen steigt von 300 auf 1200.

Der Original-Slogan zur Eröffnung heißt:

»Es darf für Sie nur einen Weg geben, den Weg zu Karstadt Bremen!
Das Großwarenhaus Nordwestdeutschlands.«

Schlagzeilen aus der Bremer Tagespresse:

»Großwarenhaus Karstadt eröffnet.«

»Ein Haus für Alle — Ein Haus für Alles.«

»Der Bremer Schlüssel öffnet dieses Haus. Das heißt, Alt Bremer Kaufmannsgeist, Verantwortungsgefühl und allerhöchste Reellität — kurz: hanseatische Tugenden werden in diesem Hause allzeit wohnen.«

Die Eröffnung 1932

Die Eröffnung 1932

Karstadt selbst wirbt zur Eröffnung um die Kunden im Bremer Umland:
»Zur Eröffnung des Hauses bieten wir unserer Kundschaft am Freitag dem 26.2. eine kostenlose Fahrgelegenheit nach Bremen mit der Bremer Vorortbahn ab Achim, Lilienthal, Ottersberg, Tarmstedt, Blumenthal, Delmenhorst, Oldenburg und Osterholz-Scharmbeck. Mit Bussen von Wolters ab Bassum, Syke, Thedinghausen und Wildeshausen. Alle werden jetzt Karstadt-Kunden!«

Dr. Friedrich Schmitz (Jahrgang 1882), Schwiegersohn von Theodor Althoff, erinnert sich an ein soeben eröffnetes Karstadt-Haus: »Das Haus hatte nicht nur im ersten Stock eine Mahagoni-Einrichtung, sondern auch im Erdgeschoß. Die Folge war, daß die Leute vom Lande beim Betreten des Hauses oft die Schuhe auszogen und auf Socken oder Strümpfen durchs Erdgeschoß liefen«.

Auch der weite glasgedeckte Lichthof des neuen Bremer Karstadt-Hauses (links) gehörte zu den Attraktionen des Neubaus (oben um die Zeit der Eröffnung).

Die Jahre bis zum Zweiten Weltkrieg

1933

Mit der Machtübernahme der Nationalsozialisten ändert sich das Wirtschaftsklima. Was die Warenhäuser anbetrifft, so hatte die NSDAP Jahre hindurch unter dem Druck ihrer mittelständischen Anhänger deren Schließung propagiert. Nach der »Machtergreifung« wird zunächst die »Arisierung« jüdischer Warenhäuser betrieben, dann aber ist von einer Schließung kaum noch die Rede. Dennoch reißen die Angriffe nicht ab. So stellt ein Mitbürger bereits 1932 die Anfrage an den Präsidenten der Bürgerschaft:

»Ist dem Senat bekannt, daß die Karstadt A.G. in Bremen einen größeren Bäckerei- und Konditoreibetrieb eingerichtet hat? Ist dem Senat bekannt, daß die Einrichtung dieses Betriebes unzählige selbständige Bäckermeister um ihre Existenz bringt?«

Die Uhrmacher-Innung schreibt an den Senat der Hansestadt Bremen unter anderem: »Unermeßlicher Schaden und Not sind uns durch das Warenhaus Karstadt und Bamberger und ähnliche Bazare entstanden. Vor allem durch Karstadt leiden viele unserer Kollegen tatsächlich bittere Not.«

Der Senat versucht eine gütliche Lösung herbeizuführen. Er bescheinigt der Firma Karstadt auch, daß es einen großen Teil der Bevölkerung gebe, der gerne zu Karstadt gehe.

Im September beschließt der Bremer Senat – in Analogie zum Gesamtreich – eine Warenhaussteuer »für alle Warenhausunternehmen, die im bremischen Staatsgebiet eine Betriebsstätte haben«.

Die Geschäftsführer Max Gimball und Ignatz Rodoschinski werden 1933 abberufen, Fritz Denninger und Ferdinant Glummer übernehmen das Haus in Bremen.

1934

Das Warenhaus Heymann und Neumann in der Obernstraße (neben Karstadt) wird 1934 von der Firma Cords übernommen.

1935

Die NSDAP veranlaßt den Senat am 5. April 1935 zu der Zusage, alle Erfrischungsräume bis spätestens zum 31. Mai 1935 zu schließen. Das Verwaltungsgericht verfügt dann, daß der Erfrischungs-

Die Jahre bis zum Zweiten Weltkrieg

Zwei Steine des Anstoßes: Die erste Schank-Erlaubnis (oben) und die Preisliste des Frisiersalons mit Eigenwerbung für Konditorei, Bäckerei und andere Eigenbetriebe.

raum um ein Drittel zu verkleinern ist und die Kapellen aus maximal sieben Musikern bestehen dürfen.

Übrigens: Eine Tasse Kaffee kostet im Restaurant 22 Pf. Und im Imbiß 15 Pf.

1936
Das Karstadt-Erholungsheim in Schierke wird erweitert. »Auf nach Schierke!« heißt der werbende Slogan für die Mitarbeiter.
Ein Zimmer mit Vollverpflegung kostet 3,– Reichsmark, Kinder zahlen 1,60 RM. Bei einem Gehalt bis zu 300,– Reichsmark wird auch das Fahrgeld erstattet.

Am 1. Oktober erfolgt ein Wechsel in der Geschäftsleitung: Paul Armbrust und Erich Retzlaff übernehmen die Führung des Hauses.

Im November 1936 meldet das Kaufhaus Bamberger am Doventor »Totalausverkauf« an.

1937
Erich Retzlaff scheidet aus der Geschäftsleitung aus.

Die vom Präses der Handelskammer, Karl Bollmeyer, angeregte Frage, ob im Hause Karstadt bei der Lehrlingsausbildung weltanschauliche Fehlentwicklungen festzustellen sind, führt zu folgender Aussage: »Die jungen Leute bekommen in diesem Betrieb etwas mit, was für ihre weitere Entwicklung und vor allem für ihre weltanschauliche Ausrichtung nicht för-

35

Die Jahre bis zum Zweiten Weltkrieg

derlich ist, obwohl die Möglichkeit der Schulung durch die Arbeitsfront und andere Organisationen gegeben ist.« Ferner wird festgestellt, »die fachliche Ausbildung ist gut. Die Firma hat keinen Durchfaller und keinen Mißerfolg in der Ausbildung gehabt.«

Im Jahre 1937 stehen 120 Lehrlinge in der Ausbildung (pro Ausbildungsjahr 40).
Die Firma erhält die Auflage, sich auf 69 Lehrlinge zu beschränken.

1938
Die Arbeitszeitverordnung vom 30. April schreibt vor, daß die Geschäfte von 19 Uhr bis 7 Uhr geschlossen zu halten sind.

Am 1. November tritt Hans May in die Geschäftsleitung ein.

Der Karstadt-Rentner Harry Tietjen erinnert sich:
»Jedes Jahr zum 1. Mai erhielten wir männlichen Mitarbeiter fünf Reichsmark als Verzehrgeld für die Teilnahme an den Maifeierlichkeiten auf der Bürgerweide.«

1939
Zu Karstadts umfangreichem Sortiment gehören auch damals schon Bremen-Andenken. Was zu dieser Zeit aber zu Komplikationen führt, weil ein Staatswappen eben besonders geschützt sein muß. Es stellt sich heraus, daß die Verwendung des bremischen Staatswappens nicht in allen Fällen zulässig ist, und nach einer Anzeige befassen sich schließlich folgende Personen und Institutionen mit diesem Fall:

In einer Annonce in der Weser-Zeitung vom 19. September 1937 stellt Karstadt die Herbstneuheiten 1937 der Hausmarke »Dreika« vor.

Die Jahre bis zum Zweiten Weltkrieg

— Der Regierende Bürgermeister Johann Heinrich Böhmcker
— Die Wirtschaftsgruppe Einzelhandel in der Zweckvereinigung Warenhäuser und Einheitspreisgeschäfte, Berlin
— Die Reichsstelle für Papier und Verpackungswesen, Berlin
— Der Deutsche Reichsbund für Leibesübungen.

Unter Berufung auf das Gesetz vom 4. Mai 1897 gelangt man zu folgendem Ergebnis, das am 16. März 1939 bekanntgegeben wird:

Auf Galanteriewaren darf auch weiterhin das Staatswappen benutzt werden, auf Papier bleibt der Abdruck weiterhin verboten. Alle vorhandenen Bestände sind bis zum 30. September 1939 zu vernichten.

In den dreißiger Jahren wirbt Karstadt mit zeitgemäßen Slogans (Bremer Nachrichten vom 8. und 17. September 1933).

Karstadt im Zweiten Weltkrieg

1939

Am ersten September hat der Krieg begonnen. Helmuth Steinführer aus Bremen ist der erste Mitarbeiter der Gesamtfirma, der ihm zum Opfer fällt. Der Aufsichtsrat gedenkt seiner – zusammen mit dem ebenfalls gefallenen Lübekker Mitarbeiter Helmut Koch – in seiner Sitzung vom 18. Oktober.

Im September beginnt auch die kriegsmäßige Bewirtschaftung von Waren. Jeder deutsche Staatsbürger erhält für seinen eigenen Bedarf sogenannte Lebensmittel- und Kleiderkarten. Gegen Marken aus diesen Heften kann in den Geschäften eingekauft werden.

Slogan der Kleiderkarte: »Kaufe nur, was du wirklich brauchst! Du mußt mit dieser Karte bis zum 31. 10. 1940 ausreichen. Alle Abschnitte sind bis zu diesem Zeitpunkt gültig.«

1940

Einsatz der Firma Karstadt als Verteiler bewirtschafteter Waren.
Neue, »zeitgemäße« Verkaufsartikel werden in das Sortiment aufgenommen: Feuerpatschen, Löschsandtüten und Verdunkelungsrollos gehören jetzt zum »Standardsortiment«.

Karstadt im Zweiten Weltkrieg

1941
Gründung der Hausfeuerwehr. Ihr gelingt die Löschung sämtlicher durch die Luftangriffe entstandenen Brände bis zur Zerstörung des Hauses Obernstraße im Jahre 1944.

1942
Selbst im Krieg wird der verdienten Mitarbeiter gedacht — auch wenn sie an der Front sind. Schreiben zum Dienstjubiläum werden mit der Feldpost übersandt, mit der Bitte »um Mitteilung, wohin wir die Jubiläumsurkunde und den Jubiläumsgeldbetrag senden sollen«.

Ein solches Schreiben ist erhalten geblieben (unten) - die Grußformel allerdings wurde zu einem späteren Zeitpunkt getilgt.

Original einer Reichskleiderkarte (leicht verkleinert). Bemerkenswert die »Preisliste« - zusätzlich zu den Abschnitten mußte natürlich die Ware auch noch bezahlt werden...

Karstadt im Zweiten Weltkrieg

1943

Beschlagnahme des zweiten und dritten Stockwerkes für die Kriegsmarine und Atlaswerke.
Ausweichläger werden eingerichtet. Zur Rationalisierung und damit Freimachung von Arbeitskräften muß am 18. März 1943 zwischen den Firmen Karstadt und der völlig ausgebrannten Firma Defaka in den Schuhabteilungen eine Kriegsbetriebsgemeinschaft gegründet werden. 44 Mitarbeiter können so für kriegswichtige Einsätze freigestellt werden. Am 16. November 1944 – nach den schweren Bombenangriffen – wird die Maßnahme wieder aufgehoben. Durch die hohe Anzahl von ausgebombten Schuhspezialgeschäften ist eine ausreichende Versorgung mit Schuhen sonst nicht mehr gewährleistet.

Wie der Alltag der Schuhabteilung in der Kriegszeit verlief, zeigen folgende Randnotizen aus dem Losungsbuch, in dem die täglichen Umsätze und Vorkommnisse notiert wurden:

1.4.1941	Holzsohlenschuhe für Damen ab 5,– bezugsscheinpflichtig
9.5.1941	Großangriff auf Bremen
12.5.1941	Angriff auf Bremen
6.–13.8.41	Zehen- und fersenfreie Holzschuhe frei verkauft.
2.9.1941	Ab 16.45 bis 18.00 Uhr Fliegeralarm.
11.3.1942	Frau Fleischer nach Berlin, (Beuteware Lietzmann)
4./5.9.42	Terrorangriff auf Bremen
23.3.1945	Alarm und Angriff auf Bremen, Tag fällt aus.
24.8.1946	Verkauf von Marinestoff-Sommerschuhen

Karstadt ist ausgebombt

1944

Am 6. Oktober Totalzerstörung des Hauses durch Ausbombung. Das Warenhaus und seine Warenläger brennen fast vollständig aus, nur das Betongerippe des Gebäudes übersteht die Flammen.

Links ein Blick vom Dach des zerstörten Hauses auf das Lloyd-Gebäude, unten die Fassade an der Obernstraße.

Im Tiefkeller befinden sich in dieser Nacht noch 27 Menschen. Sie alle scheinen verloren zu sein. Als einziger Ausweg bleibt nur der mit Eisenplatten verschlossene Luftschacht. Aufgrund seiner Hauskenntnisse weiß Geschäftsleiter Armbrust um die letzte Möglichkeit zur Rettung. Eigenhändig gelingt es ihm, die Sechskantmuttern mit bloßen Händen zu lösen und die eingeschlossenen Menschen zu befreien.

Der gesamte Verkehr in der Bremer Innenstadt war wegen der Aufräumungsarbeiten eine Woche lahmgelegt.

Schon sechs Tage nach der Ausbombung, zum 12. Oktober, wird die Wiederaufnahme eines provisorischen Verkaufs im Konzerthaus »Glocke« in der Kleiderablage mit 246 Mitarbeitern angekündigt.

Karstadt ist ausgebombt

Frau Benjamin (links) war als Garderobenfrau in der »Glocke« beschäftigt. Sie erinnert sich:
»Es gab alles und nichts. Was gerade da war oder aus der Ruine geborgen wurde, kam in den Verkauf. Eines Tages gab es Eier auf der Bremer Lebensmittelkarte. Da ich aber in Lilienthal wohnte, war ich nicht berechtigt, auf meine Marken Eier zu kaufen – es gab dort auch keine. Ich trennte meine Abschnitte einfach aus der Karte heraus und habe es bei Karstadt in der ›Glocke‹ versucht. Nach zwei Stunden Wartezeit habe ich zwei Eier ergattert«, berichtet sie. »Und einen angebrannten Spielzeugdackel aus Holz noch dazu.«

Da das Büropersonal schon seit geraumer Zeit ein Notfall-Auswahlpäckchen mit Büromaterial bei sich zu Hause aufbewahrt, kann auch eine baldige Wiederaufnahme eines halbwegs geordneten Bürobetriebes ermöglicht werden.

Karstadt ist ausgebombt

1945

Am 24. April 1945 erreichen die ersten britischen Truppen die Stadtgrenze Bremens, am 26. April wird die Innenstadt von schottischen Soldaten eingenommen. Damit ist der Krieg in der stark zerstörten Stadt zu Ende.

Links: Blick vom Dach des ausgebrannten Karstadt-Hauses in die Bombenruinen der Obernstraße.

Unten: Luftaufnahme der Bremer Innenstadt von 1945

1. Das alte Karstadt-Haus Ecke Söge-/Pelzerstraße ist zerstört
2. Der ausgebrannte Neubau an der zerstörten Obernstraße
3. Die Liebfrauenkirche ohne Turmhelm und Dach
4. Rathaus
5. Dom
6. Die völlig zerstörte Börse (jetzt Haus der Bürgerschaft)
7. Der ausgebrannte Schütting
8. Die Ruine der Böttcherstraße
9. Hauptbahnhof

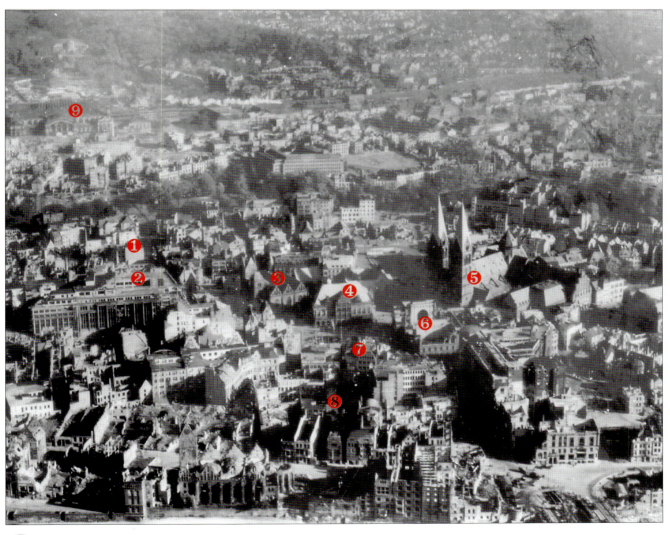

Kriegsende und Neuanfang

1945

Kriegsende!
Plünderung aller Ausweichläger.
Im Sommer 1945 wird Bremen von den Engländern an die Amerikaner übergeben.
Beschlagnahme der »Glocke« durch die amerikanische Besatzungsmacht.

Unmittelbar nach dem Krieg gelingt es dem Geschäftsführer Paul Armbrust, einen guten Kontakt zur amerikanischen Besatzungsmacht zu knüpfen. Sein Hinweis beim für Bremen zuständigen Property-Officer Major Bechtel, dem der Schutz ausländischer Interessen in Deutschland obliegt, ein Teil des Karstadt-Kapitals sei in amerikanischen Händen, führt dazu, daß alle Läger und Kellerräume in Bremen »off limits« für die nach Alkohol und Lebensmitteln suchenden GIs werden.

Diese ungewöhnlich gute Beziehung zu Major Bechtel kommt Karstadt schließlich auch bei der Verteilung sogenannter Überschußware aus den USA zugute. Diese Waren aus einer zehn Schiffe umfassenden Ladung, die im Herbst 1945 in Bremen anlandet, können durch die Karstadt-Filiale verteilt werden. Der gesamte Warenwert beläuft sich auf neun Millionen Reichsmark!

Armbrust handelt aus, daß er für Karstadt 25% behalten kann, den Rest verteilt er an die Großhändler. »Jetzt konnte ich tauschen – und ich habe getauscht« sagte Armbrust. Parkettfußböden, Holz,

Links: Die ersten Gerüste am Haus zeigen – es geht weiter!
Unten: Quittungsstempel als Treuhänder für »Überschußware«.

Kriegsende und Neuanfang

Karstadt-Mitarbeiter helfen beim Wiederaufbau.

Steine, Zement, Ladeneinrichtungen – alles wird getauscht. Nur die Stoffe, die sind alle oliv, die müssen zum Einfärben erst nach Mönchengladbach.

Die Einrichtung neuer Verkaufsräume im ausgebrannten Haus in der Obernstraße wird vorangetrieben. Schon im April wird die erste Verkaufsfläche von 400 Quadratmetern im Keller eröffnet.
Es folgt der Ausbau einer Lebensmittelabteilung mit ebenfalls 400 Quadratmetern Verkaufsfläche im Erdgeschoß; ihre Inbetriebnahme erfolgt im September. Auch ein Lastenfahrstuhl kann funktionsfähig gemacht werden.
Die Mitarbeiterzahl beträgt jetzt noch 172.

Der Karstadt-Pensionär Paul Neumann (Jahrgang 1912), zuletzt Hausinspektor in Lübeck, erinnert sich an die Zeit des Wiederaufbaus:
»Nach Kriegsende 1945 haben alle tatkräftig mitgeholfen. Man fing an, noch bevor die Baugenehmigung vorlag. Baumaterial war nur durch die guten Beziehungen der Geschäftsleitung aufzutreiben. Dabei wurde sicher auch manches Klüngelgeschäft getätigt, aber es mußte ja vorangehen.
Die Frauen räumten die Trümmer weg, die Männer haben gemauert und gezimmert. Es wurde mit einfachen Mitteln ein provisorischer Verkaufsraum geschaffen. Das Baumaterial mußte immer sorgfältig bewacht und verschlossen werden, denn Diebstähle waren an der Tagesordnung in jener Zeit.«

Im ersten Stock werden 400 Quadratmeter Nutzfläche für die Verwaltung und Ateliers hergerichtet.

Es erweist sich als besonderer Glücksumstand, daß die Bäckerei bei dem Großbrand 1945 fast unversehrt geblieben ist. Es gelingt, die amerikanische Besatzungsmacht davon zu überzeugen, die Bäckerei wieder zu betreiben. Sie ist – als einziger Großbetrieb der weitgehend zerstörten Lebensmittelproduktion in Bremen – funktionsfähig erhalten geblieben und somit für die Versorgung der Bevölkerung wichtig.

Die typische Tagesration eines im Warenhaus beschäftigten deutschen »Normalverbrauchers« über 18 Jahre besteht zwischen Mai 1945 und März 1948 aus 360 g Brot, 20 g Fleisch, 14 g Fett, 17 g Zucker, 70 g Nährmittel, 8 g Marmelade, 2 g Käse und 300 g Kartoffeln. Das entspricht theoretisch 1.557 Kalorien, die aber nicht immer erreicht werden.

Der neu gegründete, von der amerikanischen Besatzungsmacht genehmigte Sender Radio Bremen sendet im Dezember erstmals eine Reportage aus der Lebensmittelverteilstelle Karstadt.

Der Wiederaufbau

1946

Die Versorgungslage ist schwierig – Strom gibt es nur zeitweise und nur in beschränkter Menge, wie die unten wiedergegebenen »Erläuterungen« zu einer Verordnung der Militärregierung belegen.
Karstadt führt einen »heißen Kampf« wegen der Benzinzuteilung. Die Fachabteilung Textil im Einzelhandelsverband Nordsee billigt Karstadt nur 12 % der zur Verfügung stehenden Menge zu. Diese Menge ist den Mitbewerbern schon zu hoch. Es bleibt bei den 12 %, weil Karstadt durch seinen hohen Lebensmittelanteil ein größeres Transportaufkommen nachweisen kann.

Man kann sich kaum vorstellen, was Karstadt damals alles verkauft: Damenhüte und Tortenteller aus Sperrholz, Luftpumpen aus Geschoßhülsen, Kochtöpfe aus Stahlhelmen, Mützen aus den Überzügen von Feldflaschen. Ein großer Schlager sind »Bollerwagen«, mit denen die Deutschen ihr Hab und Gut durch die Straßen und über Land ziehen...

Eine Zeitungsnotiz erinnert daran, daß mit Wirkung vom 15. August 1946 das »Vergütungsverhältnis von einem Stück Kernseife für fünf Kilo abgelieferte Knochen auf drei Kilo herabgesetzt« wird. Die Zeitung weiter: »Es ist ratsam, daß sich mehrere Haushalte zusammentun, um die Menge von sechs Pfund Knochen aufzubringen. Knochen sind heute ein sehr begehrter Rohstoff, aus dem Knochenfett, Knochenmehl, Leim und Düngemittel gewonnen werden.«

Erläuterungen...
..., zur Verordnung der Militärregierung über die Rationierung von Gas und elektrischem Strom vom 1. Juni 1946. **A. Normalzuteilung**: Elektrischer Strom für Beleuchtung, Plätten und ähnliche Kleinverbrauchszwecke; Grundzuteilung je Haushalt 0,5 kWh pro Tag, Zuteilung für jedes Haushaltsmitglied 0,05 kWh pro Tag. Für Kochzwecke (falls keine andere Kochmöglichkeit vorhanden) Grundzuteilung je Haushalt 1,2 kWh pro Tag, Zuteilung für jedes Haushaltsmitglied 0,4 kWh pro Tag... **B. Sonderzuteilungen**: Nach Artikel V sind folgende Sonderzuteilungen möglich: Elektrischer Strom kWh pro Monat: Kleinkind 15, Arzt- und Dentistenpraxis 150, Wohnräume ohne Tageslicht 12, Krankheitsfälle (ärztliches Attest) 7,5, Hausarbeit für Militärregierung 4,5 kWh.

1945–46

In den Jahren 1945 und 1946 werden immer wieder umfangreiche Gespräche geführt, ob und wie die ausgebrannte Karstadtruine für städtische Einrichtungen genutzt werden kann.
In den verschiedensten Gremien des Senats sucht man nach geeigneten Räumen für die Unterbringung und Zusammenführung der einzelnen Dienststellen. Auch geht es darum, ob durch Zusammenfassung der Außenstellen der Krankenkassen Wohnraum frei gemacht werden kann. Das Lloydgebäude erhält jedoch den Vorzug.
Am 20. August 1946 macht Karstadt dem Senat den Vorschlag, ein Restaurant und zwei Versammlungsräume auszubauen, da es in Bremen an guten und leistungsfähigen Restaurants und Versammlungsräumen doch fehle. Karstadt stellt bei allen Vorschlägen die Forderung: Wir bezahlen die Reparaturen an der Außenfassade, die Stadt übernimmt den Innenausbau.
Es ist sicher nicht der anonym geschriebene Brief an den Senat, in dem sich ein Bewohner Bremens über die bevorzugte Behandlung von Karstadt beschwert, der schließlich dazu führt, daß man im Rathaus von allen »Senatsbeteiligungen« an der Wiederherstellung unseres Warenhauses absieht...

Der Wiederaufbau

1947

Im Januar stellt Karstadt den Antrag auf Zuweisung von fünf Messeausweisen für die Leipziger Messe (im Vorjahr hatte die Firma nur zwei Ausweise erhalten).

In der Begründung heißt es: »Im übrigen dürften Käufe auf der Leipziger Messe aus der russischen Zone den (anderen) Messebesuchern nicht gelingen, da die Transportmöglichkeiten bis zum heutigen Tage nicht geklärt sind. Dieses ist jedoch bei unserer Firma der Fall, da wir durch ein Abkommen mit der englischen Militärregierung zur Versorgung des englischen Sektors der Stadt Berlin Möglichkeiten haben, beträchtliche Warenmengen aus der russischen Zone für Rücklieferung nach Bremen zu schaffen.«

Im Juli erfolgt die Eröffnung des zum großen Teil fertigen Erdgeschosses mit ca. 1.800 Quadratmetern Verkaufsfläche.
Ab 20. August 1947 ist das Reisebüro wieder geöffnet und empfiehlt sich als Fahrkartenverkaufsstelle für die Reichsbahn und als Vermittler für Erholungsreisen und Hotelunterkünfte.

Rückkehr des zweiten Geschäftsführers Hans May aus der Kriegsgefangenschaft.

Der Weser-Kurier berichtet über den Wiederaufbau.

Am 8. November 1947 teilt der Syndikus der Handelskammer Bremen, Einzelhandelsabteilung, der Firma Karstadt »in Copie« unter anderem folgendes mit:
»Mit Rücksicht auf die für den Winter zu erwartenden Stromeinsparungsmaßnahmen können wir dem Antrag der Firma Rudolph Karstadt A.-G. auf Genehmigung zur Geschäftsöffnung ab 8 Uhr morgens über die Lebensmittelabteilung hinaus auch für die übrigen Abteilungen nicht zustimmen.«

Die Ladenöffnungszeiten 1947/48:
Montag–Freitag 8 bis 17 Uhr,
Samstag 8 bis 13 Uhr.
Personalstand: 417 Mitarbeiter.

Blick in die Abteilung Damenkonfektion. Foto: Schmidt-Tische.

Zwischen Währungsreform und Wirtschaftswunder

1948

Eine mit den von der Belegschaft gewählten Betriebsräten des Hauses abgeschlossene und am 1. Januar 1948 in Kraft getretene Betriebsvereinbarung innerhalb der Firma dient zur Vertiefung des guten Verhältnisses zwischen Geschäftsleitung und den Mitarbeitern.

In dieser Vereinbarung ist ein Mitbestimmungsrecht in Personal- und Sozialfragen festgelegt und ein weitgehendes Informationsrecht der Belegschaft festgeschrieben.

Schon jetzt kommen die Betriebsratsvorsitzenden aller Karstadt-Filialen einmal jährlich zu gemeinsamen Beratungen und Beschlußfassungen zusammen.

Aber bereits vor 1945, nach dem ersten Weltkrieg, und wieder seit Mai 1948, nehmen zwei Mitglieder als Delegierte an den Aufsichtsratssitzungen der AG teil.

Im Juni 1948 erfolgt – für viele überraschend – eine Währungsreform. Zehn Reichsmark sind jetzt eine Deutsche Mark, und jeder Westdeutsche erhält zunächst vierzig davon. Mit einem Schlag ist der Verfall der Währung gestoppt und der Grundstein zu dem gelegt, was bald allgemein das »Wirtschaftswunder« genannt werden wird.

Fortsetzung des Wiederaufbaues. Am 30. September 1948 ist das Erdgeschoß fertiggestellt. Auch ein Teilausbau des ersten Stockwerkes mit ca. 400 Quadratmetern neuer Verkaufsfläche geht in Betrieb und die Personalkantine wird eröffnet.

Der Möbelverkauf erfolgt in provisorisch hergerichteten Teilen des ersten Stockwerkes.

Die Gesamtverkaufsfläche umfaßt jetzt ca. 3.610 qm und 15 Schaufenster, Personalstand: 465 Mitarbeiter.

Mit der Währungsreform kommt neuer Schwung in alle Bereiche – auch in die Modewelt.
Dieses Modell von Juli 1949 dürfte auch heute noch Aufmerksamkeit erregen...
Auf der rechten Seite folgt die passende Frühjahrsmode (Anzeige vom 25. März 1950).

1949

Fertigstellung des ersten Stockwerkes, Eröffnung am 26. September. Inbetriebnahme von zwei weiteren Lastenfahrstühlen.
Gesamtverkaufsfläche: 5.690 Quadratmeter, 22 Schaufenster.
Personalstand: 652 Mitarbeiter.

Die erste Karstadt-Modenschau nach dem Krieg findet im Café Hillmann statt.

Zwischen Währungsreform und Wirtschaftswunder

Zwischen Währungsreform und Wirtschaftswunder

Dieser hag-Bericht über die Modeszene in Bremen ist typisch für die auf die Währungsreform folgenden Jahre des Wirtschaftswunders. Hier einige Ausschnitte und Modellbeschreibungen.

»Gitta«, ein damenhaftes Wollkleid mit schlankmachender Biesenverarbeitung für untersetzte Größen von 41 bis 53 entworfen. Das Material stammt von Franz & Co., Modell: Hubertine Warlich

BREMEN

Wer dem Bremer nachsagt, er sei steif, der irrt. Selten herrscht an einem Ort, auch im kaufmännischen Leben, eine so liebenswürdige Atmosphäre wie in dieser alten Hanseatenstadt. Der Bremer hat zeit seines Lebens zuviel mit Menschen aus aller Herren Ländern zu tun, um genau zu wissen, wie wichtig es ist, verbindlich und bereit zu sein, den Fremden an seinen Freuden und Sorgen teilnehmen zu lassen ...

c) Karstadt: Wenn unserer hag-Korrespondentin an einer Stelle gesagt wurde, der Geschäftsinhaber fühle sich „im Schatten des Titanen" lebend, so ist damit die dominierende Stellung gekennzeichnet, die das Kaufhaus der Rudolf Karstadt AG in Bremen einnimmt. Mit Parterre und drei Stockwerken — das vierte ist noch nicht wiederaufgebaut — und 30 Schaufenstern übt dieses größte Karstadt-Haus der Bundesrepublik einen Sog aus, von dem auch manches in unmittelbarer Nähe liegende Geschäft profitiert. Bezeichnend dafür ist der folgende Kommentar: „Wenn ich morgens ein großes Karstadt-Inserat lese, dann sage ich: Da haben wir mal wieder ein feines Inserat herausgebracht. Ich bin wirklich der Karstadt AG dankbar dafür, daß sie mir selbst das Inserieren erspart." Allerdings denkt nicht jeder so. Mancher spricht von einer notwendig gewordenen Verlagerung des Genres nach oben, und wieder jemand anderes von einem Anpassenmüssen des eigenen Angebotes an konsumnahe Preislagen. Es fällt jedoch angenehm auf, daß fast von allen Bremer Geschäftsleuten das loyale Verhalten der Bremer Kaufhausleitung hervorgehoben wird. Der Bremer ist eben Kaufmann von Natur, weiß um den ursächlichen Zusammenhang von Entwicklungen und stellt sich darauf ein und ... notfalls um. Ja, man ist sogar so gerecht, die wirklich aparten DOB-Dekorationen der Fa. Karstadt lobend hervorzuheben.

»Tosca«, eleganter Hänger aus hochwertigem Ledervelours mit Meniosbesatz, der vorm Umlegekragen zum Saum verläuft. Modell: Huth Westfälische Bekleidungsgesellschaft

Winterkostüm aus flaschengrünem Duvetine (Josef Rummeny) mit reichem Biberbesatz. Modell: Beaury Modelle

Zwischen Währungsreform und Wirtschaftswunder

1950
Am 15. April feiert Paul Armbrust seine 25jährige Betriebszugehörigkeit.

Im Juli erfolgt die Inbetriebnahme des vierten Stockwerkes.
Ein Ruheraum für Betriebsangehörige wird eingerichtet und eine Tischlerei sowie weitere Lagerräume werden erstellt.

Im September folgt die Zurückverlegung der Büros und des Ateliers in den fünften Stock. Die im ersten Stock frei gewordene Fläche wird wieder als Verkaufsraum genutzt.

Eröffnung eines neuen Personalkasinos im fünften Obergeschoß im November.

Provisorische Fertigstellung von 1.000 Quadratmetern Verkaufsfläche für die Spielwaren im zweiten Obergeschoß.
Gesamtverkaufsfläche: 7.100 Quadratmeter, 23 Schaufenster.
Personalstand: 885 Mitarbeiter.

»Karstadt Bremen: Die Schaufenster von Erwin Krauss, Werbeleiter und Chefdekorateur, sind eine internationale Rangklasse für sich.«
So betitelt das hag-Magazin diese Aufnahme einer Auslage um 1950.

Dieses »RK«-Logo taucht in den Fünfzigern erstmals auf.

1951
Fertigstellung von zwei Personenaufzügen und des vierten Lastenaufzuges im Januar.
Richtfest der Garage und Erstellung von vier neuen Schaufenstern in der Straße am Wegesende.
Im Oktober Freigabe der ersten Rolltreppen.
Gesamtverkaufsfläche: 8.884 Quadratmeter, 27 Schaufenster.
Personalstand: 956 Mitarbeiter.

Die ersten Planungen für das spätere »Parkhaus Mitte«, die seit 1949 erfolgen, beziehen auch Grundstücke von Karstadt in der Söge- und Pelzerstraße ein. Karstadt kann den Plänen erfolgreich entgegentreten.

Die Sensation des Jahres 1951: Alle Karstadt Mitarbeiter – natürlich auch jene des Hauses Bremen – werden als erste Einzelhandelsangestellte in Deutschland am Ertrag des Unternehmens beteiligt! Karstadt stellt die gleiche Summe, die die Aktionäre über eine Dividende von 4 % hinaus erhalten, zur Ausschüttung an seine Mitarbeiter zur Verfügung.
Dieser Beschluß ist die Grundlage für die als »Dividende« heute noch bekannte und beliebte Ertragsbeteiligung.

Die 1952 rückwirkend für 1951 erstmals ausgezahlte Ertragsbeteiligung beträgt für alle Mitarbeiter in Bremen DM 52.067,10.

Die Abrechnung der Sportgruppe für das Jahr 1951 weist folgende Zahlen aus:
Ausgaben für Fußball   146,–
Sportbekleidung   313,60
Sportplatzgebühren   30,–
_____
Gesamtausgaben   DM 489,60

Die Wiedereröffnung des Hauses Obernstraße

April 1952

Nach diversen Umbauten in einzelnen Etappen in den vorangegangenen Jahren eröffnet Karstadt in Bremen mit fast 12.000 Quadratmetern Verkaufsfläche. Es ist zu dieser Zeit das größte Warenhaus der AG in Deutschland. Der Weser-Kurier berichtet in seiner Ausgabe vom 1. April ausführlich über das wiedereröffnete Haus. Unten ein Blick auf Rolltreppen und Aufzüge, rechts der Lichthof.

Die Wiedereröffnung des Hauses Obernstraße

Die Wiedereröffnung des Hauses Obernstraße

Attraktiver Höhepunkt ist die 3.000 m² große Lebensmittelabteilung im vierten Obergeschoß. Sie ist mit dieser Verkaufsfläche sicher eine der größten Lebensmittelabteilungen in ganz Europa. Besonders erwähnt wird, daß zur Verkleidung der Verkaufstheken der neu entwickelte Werkstoff Resopal eingesetzt wird. Dieses Material erlaubt es, daß starke Wölbungen hygienisch, kratzfest und pflegeleicht verkleidet werden können. Unten ein Blick in die Wurstwaren- und die Frischfleischabteilung.

Die Wiedereröffnung des Hauses Obernstraße

Diese unmittelbar vor der Eröffnung entstandene Fotoserie bietet einen Rundgang durch das renovierte Gebäude. Von oben: der »Putzsalon« (Damenhüte), Kurzwarenabteilung, Spirituosenabteilung, Fischhalle, Erfrischungsraum und Frisiersalon.

Für das Haus werben jetzt 35 Schaufenster.
Personalstand: 1.071 Mitarbeiter.

50 Jahre Karstadt Bremen

ZIEHEN SIE *Frau Sabine* ZU RATE!

Darf ich roten Nagellack tragen?

Vielleicht erscheint Ihnen das, was ich Sie fragen möchte, als zu nebensächlich, um noch lang und breit besprochen zu werden. Und doch ist es hier in unserer Filiale gar nicht so unwichtig. Davon könnten Sie sich selbst schnell überzeugen, wenn Sie nur einmal die erhitzten Gespräche darüber im Kolleginnenkreis hören würden.

Es geht um farbigen Nagellack, der ja — besonders seit der Nachkriegszeit — in Deutschland immer mehr ein Modeartikel wird. I c h meine, daß eine Hand mit einem farbigen Nagel gepflegter und dadurch auch bedeutend schöner aussieht. Schließlich arbeiten wir ja auch in einem Warenhaus der Großstadt und unsere Kundschaft ist nicht nur dem Modernen verständnisvoll aufgeschlossen, sondern hält selbst in jeder Beziehung mit der Mode Schritt. Aber — man wünscht es hier nicht, daß wir unsere Nägel farbig lackieren.   Greta A.

Sie stellen mich vor ein schwieriges Problem. Rote Fingernägel, farbiger Nagellack! Das läßt sich nicht mit zwei Sätzen und schon gar nicht generell beantworten. Was für Düsseldorf, Wiesbaden, Hamburg oder Bremen richtig sein mag, trifft für andere Städte, sagen wir zum Beispiel für Emsdetten, mutmaßlich nicht zu. Sie sehen schon, worauf ich hinaus will: *in jeder Großstadt mit Fremdenverkehr, mit einer gehobenen Käuferschicht,* wird es eine Kundin kaum als störend empfinden, wenn die Verkäuferinnen, die mit *modischen* Artikeln zu tun haben, ihre Fingernägel lackieren. Aber wohlgemerkt nur in Abteilungen wie Damenbekleidung, Modewaren, Strümpfe, Damenwäsche, vielleicht auch Herrenartikel. Die Mode hat nun mal den farbigen Nagellack eingeführt. Er ist zwar nicht so „unerläßlich" wie der Lippenstift oder das dezente „make up", aber er gehört schon fast zu der modischen Frau der Großstadt. Nicht jeder mag es, und nicht zu jedem paßt es. Wir haben doch alle ein wenig unseren eigenen Stil in Kleidung, Frisur, Aufmachung — zumindest sollten wir ihn haben.

Und so wie wir unseren Stil haben, so hat auch jedes unserer Häuser seine eigene Note — der Umgebung, dem Kundenkreis angepaßt; ja, jede Abteilung hat ihr „Gesicht". Finden Sie nicht auch, daß farbige Fingernägel in jedweder Lebensmittel- oder Haushaltwarenabteilung — ganz gleich ob in München oder Lennep — fehl am Platze wären? Sprechen wir es ruhig aus: der farbige Nagellack verdeckt so bequem Unsauberkeit. Und sollte nicht peinlichste Sauberkeit oberstes Prinzip sein?
Ich könnte mir denken, daß Ihre Geschäftsleitung aus dem Gedanken heraus — „was dem einen recht ist, ist dem andern billig" — *generell* das Lackieren der Fingernägel nicht wünscht. Das wäre verständlich! Entscheidet sie doch auch von Fall zu Fall, dem Stil ihrer Häuser und dem der Abteilungen entsprechend. Es gibt eben auch Gesichtspunkte, die sich unserer Kenntnis entziehen und Entscheidungen, die im Interesse des Hauses getroffen werden. Denen fügen wir uns dann auch mehr oder weniger gern, insbesondere, wenn es sich um solche „Nebensächlichkeiten" handelt — Sie sagten es selbst — wie den roten Fingernagellack.

*

Haben Abteilungsleiter in der Kantine den Vortritt?

Wir haben bei uns im Haus alle eine Viertelstunde Frühstückspause. Nun dauert bei uns in der Kantine die Kaffeeausgabe oft sehr lange, weil die Kaffeemaschine wohl zu klein ist. Man steht dann fünf Minuten oder länger, eh man seine Tasse Kaffee bekommt, besonders wenn einer von den Abteilungsleitern(innen) zur Pause kommt. Die werden nämlich immer bevorzugt abgefertigt, und wir müssen dann noch länger warten. Den Abteilungsleitern aber sagt doch niemand etwas, wenn sie länger zur Pause gehen. Sind wir aber nicht pünktlich zurück, dann ist meistens etwas los ... Warum brauchen die Abteilungsleiter sich in der Kantine niemals anzustellen?   Hildegard Sch.

Wir wollen gleich mit Ihrer konkreten Frage beginnen: „Warum brauchen die Abteilungsleiter sich in der Kantine nicht anzustellen." Das scheint bei Ihnen eine örtliche Regelung und eine stillschweigende Duldung zu sein; denn wenn irgendwo angestanden werden muß, dann müssen sich auch *alle* anstellen, ob Verkäufer oder Abteilungsleiter. Nun glaube ich, daß bei der geringen Anzahl von Abteilungsleitern im Verhältnis zur Zahl des Verkaufspersonals es gar nicht so einschneidend ins Gewicht fallen kann, wenn gelegentlich ein Einkäufer bevorzugt wird. Aber ich bin ganz Ihrer Meinung, es *sollte* nicht sein.

Unsere Abteilungsleiter sind ja nicht an bestimmte Pausen gebunden. Es wäre daher anzuregen, ob sie nicht andere Zeiten zum Kaffeetrinken benutzen könnten, um Sie und Ihre Kolleginnen und Kollegen in der Pausenzeit nicht zu beschränken. Ein bißchen guter Wille auf beiden Seiten, und diese Schwierigkeit wäre leicht überwunden.

Wir haben doch alle drei Monate Betriebsversammlungen, bei denen Sie Fragen dieser und ähnlicher Art zur Sprache bringen könnten. Tun Sie es doch! Es wird sich bestimmt eine Regelung finden lassen, die alle Beteiligten befriedigt.

Ein dunkelrot-goldener Aufkleber im Prägedruck ziert im Jubiläumsjahr Schriftstücke und Verpackungen von Karstadt Bremen. Die Leserbriefspalte der Hauszeitschrift beschäftigt sich mit den »brennenden Themen« der Zeit. Manche Frage erscheint ein halbes Jahrhundert später kurios (links, Hauszeitung 6/52), andere wiederum sind sozusagen zeitlos (rechts, Hauszeitung 3/53).

50 Jahre Karstadt Bremen

April 1952

Schon gleich nach der glanzvollen Neubaueröffnung begeht Karstadt seine Jubiläumsfeierlichkeiten zum 50jährigen Bestehen in Bremen.

»50 Jahre fortschrittlichstes Haus in Leistung und Kundendienst, Karstadt Bremen« heißt der Slogan jetzt.

50 Jahre Karstadt Bremen

50 Jahre Karstadt-Bremen
Die soziale Seite

Wer in den vergangenen Jahren den Wiederaufbau in Bremen verfolgt hat, konnte auch nicht die Entwicklung des KARSTADT-Gebäudes übersehen, das im Kriege eine Trümmerstätte wurde und in überlegten Zeitabständen wieder das größte und modernste Geschäftshaus in Bremen geworden ist. Nach den jüngsten Erweiterungen, bei denen die neuesten Erfahrungen in Bau und Technik ausgewertet worden sind, bietet der Karstadt-Bau seinem großen Kundenkreis auch jetzt wieder die altgewohnte und großzügige Aufteilung sämtlicher Fachabteilungen.

Unsichtbar, hinter bautechnischen Leistungen und architektonischem Können hat sich für die große Angestelltenzahl des KARSTADT-Hauses aber auch ein anderer „Wiederaufbau" vollzogen, der einer besonderen Beachtung wert ist, weil er sich nicht nur auf Stein und Holz, sondern auf den Menschen bezieht:

Im Hause bieten ein geräumiges Kasino, ein besonderer Ruheraum und im Sommer sogar der Dachgarten angenehme Ruheplätze für das Personal. Dem Kasino ist eine Küche angeschlossen, die mit besten Fachkräften und mit einer technisch wertvollen Einrichtung für gute aber gleichzeitig billigste warme und kalte Speisen sorgt. Die günstigste Preisgestaltung wird mit einem Betriebszuschuß möglich.

Wenn jetzt wieder in Kürze die Urlaubszeit anbricht, werden, wie in den Vorjahren, 75 Angestellte kostenlos einen 14tägigen Erholungsurlaub in landschaftlich schönen Gegenden erleben.

In 20 Fällen wurden von der Firma für Mitarbeiter und ihre Familien Baukostenzuschüsse gezahlt.

Geburts- und Kinderbeihilfen kommen sofort bezw. in einmaligen Jahresbeträgen in die Hand der Mutter oder des Vaters.

Daß auch nach den lebhaften und arbeitsreichen Wochen vor Weihnachten immer wieder an die Weihnachtsgratifikation gedacht worden ist, soll nur erwähnt werden.

Abgesehen davon, daß dem Personal bei dem Einkauf persönlicher Bedarfsgüter im Hause ein feststehender Personalrabatt zufällt, verdoppelt sich dieser praktisch in jedem Jahr einmal für eine vollständige Bekleidung.

Für 90 Mitarbeiter, deren Tagesarbeit Gefahrenmomente in sich birgt, ist eine besondere Unfallversicherung abgeschlossen.

12 Pensionäre erhalten augenblicklich, ohne daß dazu rechtliche Verpflichtungen bestehen, monatliche Zahlungen. Noch jetzt sind 21 Mitarbeiter mehr als 25 Jahre und 3 Mitarbeiter mehr als 40 Jahre täglich auf ihrem Arbeitsplatz. Interessierte Sportgruppen finden die Unterstützung des Betriebes für Platz, Raum und Ausrüstung.

Fachliche und theoretische Schulungen beginnen bereits bei dem Lehrpersonal und werden von den Abteilungsleitungen bezw. einer besonderen Lehrkraft durchgeführt.

Nicht zuletzt ist es schon etwas Besonderes, wenn am Jahresschluß ein im Verhältnis zum Dividendensatz festverankerter Teil des Gewinnes auf alle Mitarbeiter verteilt wird, die damit auch persönlich an dem Erfolg des Unternehmens teilnehmen.

Mit der Einführung des Betriebsverfassungsgesetzes am 11. Oktober wird die Beteiligung von Arbeitnehmern in Aktiengesellschaften neu geregelt. Für die Arbeitnehmervertreter tritt eine Drittel-Beteiligung im Aufsichtsrat in Kraft.

Die Zeitungen loben besonders die sozialen Leistungen der Firma für ihre Mitarbeiter. Hier ein Artikel aus der Syker Zeitung vom 20. April 1952

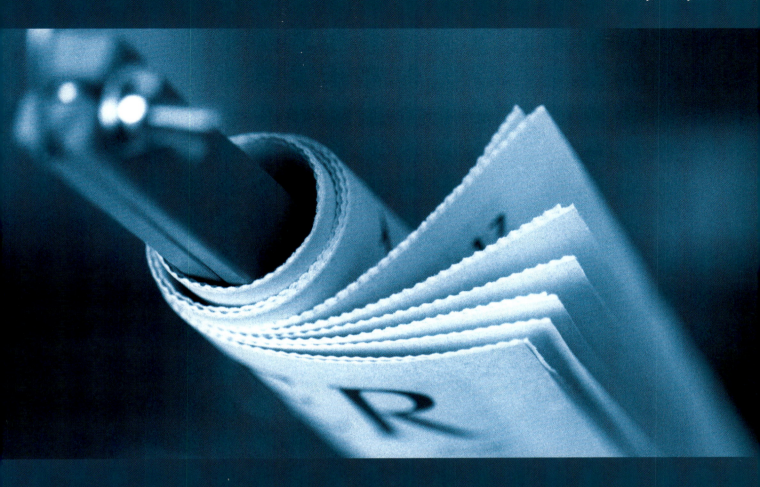

Karstadt in den Fünfzigern

In welchem Ausmaße unsere Verkaufshäuser am Gesamtumsatz 1952 beteiligt waren:

Verkaufshäuser in 3 Gruppen	Erweiterung der Verkaufsfläche im Berichtsjahr		Größenverhältnis im Schaubild	in der Reihenfolge	Reihenfolge 1951
	Zeit	qm			
A					
Bremen	April	2418		1	1
Dortmund	Frühjahr/Herbst	1500		2	3
Hbg.-Mönckebergstr.	Septbr.	1818		3	2
Essen	März	558		4	4
Hannover				5	5
Düsseldorf	23. 9.	Neueröffnung		14	–
München	Nov.	164		6	6
Lübeck	Septbr.	328		8	8
Recklinghausen				7	7
Berlin, Hermannplatz	Okt.	1284		9	9
Kiel	August	950		11	12
Göttingen				13	13
Wiesbaden				10	10
Braunschweig				12	11

1952

Für das Jahr 1952 weist der Sozialbericht folgende Summen aus:

Kinderbeihilfen	13.380,–
Geburtsbeihilfen	1.005,–
Heiratsbeihilfen	700,–
Ferienzuschüsse (69 Mitarbeiter)	7.311,45
Wohnraumbeschaffung und Umzugsvergütung	14.257,45

Daß diese Summe an gezahlten Sozialleistungen einigermaßen ungewöhnlich ist, beweist ein Brief des Präsidenten des Bremer Senats, Wilhelm Kaisen, an die Geschäftsleitung, in dem sich der Bürgermeister mit folgenden Worten bedankt: »Die Leistungen sind sehr beachtlich. Bei einem Vergleich schneiden die heutigen sozialen Nebenleistungen eines Betriebes wie Karstadt sehr gut ab.«

Die Umsatzstatistik (oben ein Ausschnitt) beweist es: Wie schon im Jahr zuvor ist das Haus Bremen auch 1952 das umsatzstärkste aller Häuser, gefolgt von Dortmund und Hamburg-Mönckebergstraße.

Karstadt-Mitarbeiter sind nicht nur im Laden vorbildlich: Die Bremer Polizei ehrt einen unserer Fahrer.

Karstadt in den Fünfzigern

1953

Im Februar erschüttert ein Mordfall die Stadt Bremen. Die Polizei sucht Zeugen, die die Ermordete zwischen dem 9. Februar und der Auffindung der Leiche noch gesehen haben. Karstadt hilft mit einem Schaufenster, in dem eine Puppe die Kleidung der Ermordeten präsentiert.

Beseitigung der Kriegsschäden an den Häuserfronten. Austausch der veralteten Schaufenster sowie der Holzfenster an den Außenfronten vom ersten bis zum vierten Stockwerk gegen Metallfensterrahmen. Die Haupttreppenhäuser A und B erhalten ihre Wandbekleidung aus Marmor. Inbetriebnahme weiterer zwei Personenaufzüge.
Personalstand: 1.249 Mitarbeiter

1955

Erneuerung der Portale Sögestraße und Obernstraße mit Warmluftanlagen. Neuer Fliesenbelag im Parterre. Fortlaufende Erneuerung und Umstellung der Beleuchtung auf Unterzugsbeleuchtung im Erdgeschoß.
Modernisierung weiterer Abteilungen.

Wechsel in der Geschäftsleitung: Paul Ehrich wird Nachfolger von Walter Witte als Geschäftsführer.

Aktenzeichen XY: Karstadt unterstützt die Bremer Kripo bei der Suche nach Zeugen.

1956

Im Oktober verstirbt mit 83 Jahren Theresia Matthiä. Über 27 Jahre lang, bis zu ihrer Pensionierung 1930, stand diese Mitarbeiterin der ersten Stunde als Leiterin dem Damenschneiderei-Änderungsatelier vor.

Fortführung der Modernisierung. Inbetriebnahme von drei weiteren Rolltreppen am 15. März und sechs weiteren Schaufenstern in der Großen Hundestraße.
Personalstand: 1.397 Mitarbeiter und 255 ständige Aushilfen.

75 Jahre Rudolf Karstadt AG

Mai 1956

Wie im ganzen Bundesgebiet feiert auch die Filiale Karstadt in Bremen das Jubiläum zum 75jährigen Bestehen der Firma.

Im festlichen Gewand (ganz in weiß, orange, gold und mit einer 75 geschmückt) erwartet das Haus seine Kunden zu einem spektakulären Sonderverkauf.

Mitarbeiter stehen zwei Wochen bereit, um den Ansturm der Kunden zu bewältigen. Nach einjähriger Planung soll dieser Verkauf ein Dienst am Kunden sein. Denn, so verkündet ein Slogan: »Der Preisunterschied ist so eklatant, daß es auch die letzte Hausfrau merken muß.«

Doch vorher findet in allen Räumen der »Glocke« der Festakt statt. Dazu sind nicht nur die Mitarbeiter, sondern auch 160 Vertreter des Senats und andere Honoratioren der Bremer Wirtschaft geladen.

Nachdem Senator Wolters die Glückwünsche der Regierung ausgesprochen und Herr Hirte als Vertreter des Bremer Einzelhandels Karstadts Bekenntnis zum fairen Wettbewerb gewürdigt hat, kommt der familiäre und unterhaltsame Teil des Doppelfestes voll zum Tragen.

Die Kapellen Kurt Bock und die »City Club Combo« übernehmen das Zepter und dirigieren den festlichen Trubel, der alle Säle, das Restaurant, die Flure und die Treppen bis in den Morgen erfüllt.

Nicht zuletzt ist zu erwähnen, daß alle Mitarbeiter, je nach Dauer der Firmenzugehörigkeit, ein halbes bis ein ganzes Monatsgehalt als Dank und Lohn für ihren Einsatz erhalten.

Da nicht alle Mitarbeiter gleichzeitig in diesem größten Saal in Bremen feiern können, müssen/dürfen die Lehrlinge mit dem Dampfer oder Bus auf Extratour gehen.

Und zur Statistik: die Saalmiete beträgt DM 1.000,–, die Kapellen kosten DM 2.000,–, für das Essen werden DM 6,– pro Teilnehmer bezahlt. 1.600 Essen werden ausgegeben. Es gibt Kalbsnierenbraten, Waldorfsalat und einen Pokal Wein.

Der Abteilungsleiter erhält DM 1,– für jeden seiner Mitarbeiter damit er auch »mal einen ausgeben« kann.

Insgesamt stehen für jeden Gast DM 18,– zur Verfügung.

75 Jahre Rudolf Karstadt AG

Die späten fünfziger Jahre

Die späten fünfziger Jahre

1956

Zu den ausgezeichneten Kraftfahrern, die über 100.000 Kilometer ohne Unfall oder nennenswerte Reparatur zurücklegten, gehören auch drei Bremer: Wilhelm Hubert, Friedrich Körk und Herrmann Stelljes, alle auf Hanomag-Eineinhalbtonnern.

Für die im Kundendienst tätigen Mitarbeiter mit Moped aus der Möbeltischlerei, der Dekoration und von den Elektrikern wird erstmals eine Unfallversicherung abgeschlossen.

Die Karstadt-Festschrift zum 75. Geburtstag des Unternehmens wird in die Reihe der schönsten Bücher des Jahres aufgenommen. Die Hauszeitschrift bringt einen entsprechenden Artikel (unten). Auch die Titelseite der Lebensmittelbeilage aus dem Jubiläumsprospekt von 1956 (links) ist typisch für den Stil der späten fünfziger Jahre.

1957

Die Mitarbeiter-Kleiderkarten ermöglichen einen preisgünstigen Einkauf von »Berufsbekleidung«. Den modischen Anforderungen entsprechend wird eine neue Ära eingeläutet: Wo es vorher ausschließlich ein Kleid oder einen Anzug gab, können jetzt auch Blusen und Röcke, Sakkos und Hosen verbilligt gekauft werden.
Die Damen erhalten erstmals auch die Gelegenheit, Korseletts oder Hüfthalter zu Vorzugspreisen zu erstehen.

Die Ertragsbeteiligung, im Verkäuferjargon kurz als »Dividende« bezeichnet, beträgt für das Jahr 1956 rückwirkend erstmals 80% vom zwölften Teil eines Jahreseinkommens.

Die Einführung der 48-Stunden-Woche bringt Erleichterung für die Angestellten.

Bau des Lagerhauses Wegesende.

1958

Frau Frieda Wiegmann, geb. Bassen, ist 50 Jahre bei Karstadt; sie wird für das seltene Betriebsjubiläum mit dem Bundesverdienstkreuz geehrt. Frau Wiegmann hatte am 1.4.1908 bei Karstadt eine kaufmännische Lehre angetreten und war seit den 50er Jahren als Erste Verkäuferin in der Damenkonfektion tätig.

Der Bremer Dekorateur Heinz Prante gewinnt den ersten Preis beim Fotowettbewerb der Hauszeitschrift.

Am 29. August wird das Richtfest des Anbaus (mit Einrichtung der Passage zwischen Obernstraße und Großer Hundestraße) gefeiert. Das gemeinsame Bauprojekt von Karstadt und Defaka wurde in nur vier Monaten hochgezogen.

Alljährlich werden von einem Preisgericht, das sich aus namhaften Vertretern von Verlagen und Buchhandlungen, Bibliotheken, Buchbindereien, Schriftgießereien, grafischen Verbänden, Gebrauchsgrafikern und der Maximilian-Gesellschaft zusammensetzt, aus vielen tausenden Neuerscheinungen eines Jahres die 50 schönsten Bücher ausgewählt.
Zu den 50 schönsten Büchern des Jahres 1956 gehört
nach dem Urteil dieser Jury auch
die Festschrift der Rudolph Karstadt Aktiengesellschaft,
die aus Anlaß des 75jährigen Bestehens des Unternehmens unter dem Titel: „Erinnerungen. Die Frau von gestern und heute" herausgegeben wurde.
Dieses Jubiläumsbuch ist allen unseren Betriebsangehörigen übergeben worden. Sie werden jetzt gewiß noch stolzer auf den Besitz eines derart prämierten Werkes sein. Die „50" werden in zahlreichen Ausstellungen im In- und Ausland gezeigt werden.

Die späten fünfziger Jahre

1959

Während eines Streiks bei den Tageszeitungen gibt Karstadt eine eigene Zeitung heraus und läßt sie an alle Haushalte verteilen. In Nummer 3 berichtet der »Karstadt-Spiegel« von »Neuen Perspektiven«: Am 8. April wird die erste Selbstbedienungsabteilung für Lebensmittel im vierten Obergeschoß eröffnet.

... eröffneten sich in der Obernstraße mit dem großen Um- und Anbau des Bremer KARSTADT-Hauses. Als elegante Visitenkarte der hansestädtischen City zeigt der klare, lineare Bau eine stattliche Reihe funkelnder Schaufenster, die durch das neue Bild der ergänzenden Passage verlängert und vergrößert wird. Der glashelle neue Eingang führt den Strom der Schau- und Kauflustigen in ein sich nun auch allmählich innen veränderndes größeres und moderneres KARSTADT-Haus.

Tresen, Vitrinen, Stühle, Tische, kleine Möbel, große Möbel ... strahlend neu, in modernen Farben leuchtend, werden bald allen Abteilungen ein ganz modernes Gesicht geben. Im Parterre, gleich in der Nähe des neuen Einganges, können Sie sich dann vom Wecker bis zur Armbanduhr, Chronometer in allen Variationen, vorführen lassen. Gegenüber lockt eine große Photoabteilung mit neuesten Kameras, Belichtungsmessern und Blitzlichtgeräten. Schmuck und Süßwaren werden in und auf reizvollen Vitrinen und Glastischen angeboten, das Auge wählt mit!

Noch sind dieser ganz große Umzug der Abteilungen, die Vergrößerungen und Verschönerungen in ihrer Gesamtheit als großartiges Projekt auf imponierenden Plänen niedergelegt. Mit Hochdruck arbeiten Einrichtungsfachleute des Hauses die „Marschroute" aus, berichten vom neuen Standort der Herrenkonfektion und ... doch sei hier schnell chronologisch berichtet, was in naher Zukunft die KARSTADT-Kunden überrascht:

Meine Damen, nur wenige Schritte vom Fahrstuhl entfernt, schaukeln bald Röcke und Blusen in stattlicher Zahl im **ersten Stock** auf Ständern, auf Bügeln. Aber auch den Herren wurde Raum, viel Raum gegeben.

Auf doppelt soviel Quadratmetern wie bisher findet man vom eleganten Einreiher bis zur modern gestreiften Clubjacke mit den Goldknöpfen alles für Ihn bereit. Darüber hinaus erwarten Sie unter anderem im **zweiten Stock** der neue Erfrischungsraum und eine reichhaltige Geschenkabteilung, die vom Geburts- bis zum Hochzeitstag jedem festlichen Ereignis Rechnung trägt.

Doch wir wollen höher hinaus — eine imponierende **Einrichtungsetage** wird im 3. Stock entstehen. Möbel, Lampen, Elektrogeräte, Handarbeiten, Teppiche und Gardinen ... übersichtlich für Sie geordnet, machen das Einrichten der neuen Wohnungen und Häuser zur ganz besonderen Freude. Sie können ganz genau prüfen, ob der kräftige Ton jenes Vorhangstoffes zum von Ihnen gewählten Cocktailsessel paßt. Probieren Sie in Ruhe, ob eine Stehleuchte oder eine schlichte Schreibtischlampe besser mit dem hellen Sekretär ergänzt wird — auch im Teppichlager finden Sie jedes Entgegenkommen, um das richtige Zusammenstellen von Farbe und Form im neuen Heim beim Einkauf zu beherrschen.

Schnell einen Imbiß im 4. Stock. Eine ganz neue Ecke wurde eigens hierfür reserviert — eine Milchbar bietet Mixgetränke mit allen nur zu wünschenden Fruchtbeigaben. Es ist die Etage der neuen **Lebensmittel-Selbstbedienung,** sie wird

morgen, 9. April, 8.30 Uhr, eröffnet.

Verlockend zeigt die neue Fischhalle hier die Fülle der Meerestiere, und eine stattliche Zahl himmelblauer Vitrinentische und Kühltresen lädt Sie ein, in Ihren blitzenden Drahtkorb frisch und appetitlich vorverpackte Lebensmittel zu stapeln. Köstlichkeiten aus dem Fernen Osten, Deftiges aus dem Ammerland — gerade so, wie es der Hausherr wünscht!

So häufen sich Ereignisse und Arbeit im Bremer KARSTADT-Haus — der „summende" fünfte (Bienen-)Stock, Verwaltung und „Herz" des Hauses, legt davon ein beredtes Zeugnis ab. Zwischen Handwerkern und Kisten, Kabelschlangen und Kalk notierte dort das Neueste für Sie — an anderer Stelle noch mehr davon —

Ihre Frau Margot

Die späten fünfziger Jahre

Die späten fünfziger Jahre

Installation des riesigen Tannenbaumes auf dem Dach des Hauses, der zur Weihnachtszeit bis heute ein Symbol für Karstadt geblieben ist. Am 27. November gibt es noch heftige Proteste beim Aufbau des Lichterbaums. Die Anlieger beschweren sich, weil der Zugang zu ihren Geschäften erschwert wird, aber bis 11 Uhr ist alles vorbei. In den nächsten Jahren wird alles viel weniger kompliziert – der Baum liegt fest verankert auf dem Dach und wird jedes Jahr zur Weihnachtsbeleuchtung hochgeklappt.

Bei einer Höhe von 22,5 Metern erstrahlt der Baum jedes Jahr – zur Freude der Bremer aus nah und fern – mit 860 Glühbirnen über ganz Bremen.

Paul Derigs wird neuer Geschäftsführer in Bremen und löst Paul Ehrich in dieser Funktion ab.

Über der Sögestraße im Weihnachtsschmuck leuchtet weithin der Karstadt-Baum (unten).

Die Aufnahme rechts entstand auf der Höhe der Pelzerstraße. Wo einst das erste Bremer Karstadt-Haus stand, befindet sich 1959 nur eine Auslagenzeile für Karstadt – das im Krieg zerstörte Gebäude ist noch nicht wieder aufgebaut.

Die späten fünfziger Jahre

Die sechziger Jahre

1960–1965

Die 1960er Jahre sind die Zeit der Modernisierungen, und ab Anfang 1964 ist es auch im Haus Obernstraße so weit – nach dreijähriger Planungszeit beginnt ein großer Umbau. Nicht immer ganz ungestört durch Umbaustreß und Baulärm geht der Verkauf weiter. Der Hausfotograf hat den Umbau dokumentiert.

Die sechziger Jahre

Neben einer generellen Modernisierung und der Vergrößerung der Verkaufsflächen wird sich die Situation vor allem im Lichthof ändern: Zwischendecken werden eingezogen und neue Rolltreppen eingebaut. Der Weser-Kurier bringt am 4. Februar 1965 die Schlagzeile »Letzte Runde im Kaufhaus-Umbau« und einen Blick in den Lichthof, in dem bereits die Stahlgerüste für die Zwischendecken stehen.

Die sechziger Jahre

1965

Nach einer Umbauzeit von eineinhalb Jahren zeigt sich Karstadt ab 10. August stark vergrößert und in einem völlig neuen, moderneren Gewand. Die Umbaukosten betragen 25 Millionen DM. 18.500 Quadratmeter stehen nun als reine Verkaufsfläche zur Verfügung, das Haus Obernstraße ist damit das größte Warenhaus in Norddeutschland.

Wo früher der Lichthof die Innenarchitektur beeinflußt hat, beherrschen jetzt 16 breite Rolltreppen das Bild des Verkaufsraumes. Besonders sind die erstmals hier eingesetzten »gläsernen Rolltreppen« in den unteren Bereichen zu erwähnen. Fünf Personenfahrstühle erleichtern darüber hinaus die »Reise durch alle Etagen nach oben«.

Neben der Erweiterung der Sortimente in nunmehr vergrößerten Abteilungen findet aber eine andere Tatsache besonderes Interesse in den Schlagzeilen der Zeitungen:

»Bremen hat endlich einen Zoo!
 Auch Tiere gehören jetzt zum Angebot.
 Modernes Haus mit Zoo.
 Hier kann man Affen sehen.
 Die Liebe zum Tier wecken.
 Volieren und Aquarien im Warenhaus.
 Kleiner Zoo für Karstadt Neubau.«

Zu erwähnen ist aber auch die Vergrößerung des Erfrischungsraumes auf jetzt 460 Plätze und die Hereinnahme einer Abteilung für Heimwerker.

Besonders bemerkenswert findet die Presse, daß eine gute Belüftung für ein angenehmes Klima sorgt. Die Be- und Entlüftungsanlage funktioniert automatisch und ist elektronisch gesteuert.

Die sechziger Jahre

Auch außen hat sich das Haus verändert: Erstmals erhält es im Zuge des Umbaus ein Kragdach vor den Schaufenstern. Die Kunden können nun vor Regen geschützt unsere Dekorationen bewundern.

Der langjährige Geschäftsführer Paul Armbrust geht in den Ruhestand, sein Nachfolger wird Reiner Hippler.

Aus dieser Perspektive gut erkennbar: das neue Kragdach, das auch bei Schmuddelwetter zum Schaufensterbummel einlädt.

Die sechziger Jahre

1966

Nicht nur das eigentliche Karstadt-Haus ist modernisiert worden, auch die 1926 gegründete Einheitspreis-AG, inzwischen »Kepa«, hat zahlreiche moderne Gebäude. In Bremen bestanden bis zur Auflösung der Firma mehrere Kepa-Filialen, etwa in Vegesack, Osterholz, im Steintor, in der Sögestraße, in Walle und natürlich das Stammhaus in der Hutfilterstraße.

Die Karstadt-Hauszeitschrift – 1966 »Karstadt-Rundschau in Wort und Bild« genannt – widmet der Kepa zum 40jährigen Bestehen eine eigene Nummer, aus der auch die Abbildungen der Häuser Hutfilterstraße (oben) und Steintor (rechts) stammen.

Verdiente Mitarbeiter ausgezeichnet
Firma Karstadt vergalt Betriebstreue mit Gold und Brillanten

85 verdiente Mitarbeiter und Mitarbeiterinnen zeichnete die Firma Karstadt AG gestern nachmittag in einer Feierstunde aus. Angestellte mit mehr als 25jähriger Zugehörigkeit zum Unternehmen erhielten die goldene Ehrennadel. Für eine 40jährige oder noch längere Tätigkeit in der Firma gab es Gold mit Brillanten. Mit Brillanten ausgezeichnet wurden die noch aktiven Mitarbeiter Willy Kohak und Frieda Schreiber und die im Ruhestand lebenden Mitarbeiter Frieda Wiegmann-Bassen, Heinrich Schumacher, Marie Böhne, Käte Müller, Angelika Fells, Amanda Coors und Wilhelmine Trautmann.

Direktor Paul Derigs betonte, daß die Firma stets bemüht gewesen sei, die menschlichen Beziehungen zu den Mitarbeitern zu pflegen. Der geschäftliche Erfolg des Unternehmens sei nicht zuletzt dem Einsatz der Belegschaft zu danken. Die ältesten der Versammelten hätten das Geschäftshaus im zweiten Weltkrieg in Schutt und Asche sinken sehen. Sie hätten aber auch erlebt, wie es als eines der schönsten Warenhäuser Europas wiedererstand. Für die Arbeit, die jeder geleistet habe, sprach Direktor Derigs den verdienten Männern und Frauen im Namen des Vorstandes und der Leitung der Bremer Filiale Dank aus.

Als Vertreterin des Betriebsrates betonte Frau Irma Jung, es freue sie besonders, daß auch die Pensionäre dem Unternehmen weiterhin verbunden blieben. Die von der Firma gestiftete Nadel sei ein Ausdruck des Dankes für langjährige Treue. Nachdem Direktor Reiner Hippler den Mitarbeitern die Ehrennadeln überreicht hatte, sprach Willi Dahmer der Geschäftsleitung den Dank der Jubilare aus.

Die Bremer Presse berichtet über die Ehrung langjähriger Karstadt-Mitarbeiter

Die sechziger Jahre

Die Hauszeitschrift berichtet stolz, daß die Arbeitsgemeinschaft der Verbraucherverbände die Rolle der Warenhäuser positiv beurteilt (rechts).

Am letzten Tag des Jahres 1966 gibt es erstmals Bombenalarm nach einem anonymen Anruf. Die Räumung des Hauses verläuft nach dem Zeitungsbericht »ohne Aufregung und ohne Störung«. Bombe wird keine gefunden, aber die Polizei verzichtet ohnehin auf eine genaue Durchsuchung: »Wir würden Tage dazu benötigen«.

Die von der Arbeitsgemeinschaft der Verbraucherverbände herausgegebene „Verbraucherpolitische Korrespondenz" befaßt sich in Ausgabe 9/66 mit dem „Verbraucher im Wandel des Handels". Darin heißt es, daß der Umsatzanteil der Waren- und Kaufhäuser in vielen Ländern auf zehn Prozent des gesamten Einzelhandels zuschreite. Die Ursache liege in der stil- und geschmacksprägenden Funktion des modernen Warenhauses, vor allem bei Kleidung, Einrichtung und in vielen anderen Bereichen, die zunehmend modischen Einflüssen unterliegen.

Die Warenhäuser, so betont der Verfasser mit Nachdruck, seien heute die „Style-Leaders" breiter Verbraucherschichten.

Der heutige Verbraucher wolle nicht mehr warten, bis die letztjährigen Modellkleider der Pariser Couturiers endlich einmal in Massenfertigung verfügbar seien. Die Haute Couture arbeite heute für die Waren- und Kaufhäuser der Alten und Neuen Welt, die schon 24 Stunden nach der Pariser Vorführung ihre Aufträge orderten und mit den Couturiers selbst Verflechtungen eingingen. Die heutige Mode richte sich durch das Warenhaus an Millionen von Verbrauchern. Man erwarte vom Warenhaus das ständige Abenteuer des Neuen, den „letzten Schrei".

Das Warenhaus diene Schichten mit wachsender Kaufkraft und schnell steigenden Ansprüchen; zugleich biete es die Vorteile der großen Serie, die nicht vermassend wirken dürfe und sinnvolle Preise einhalte. Der daraus erwachsende Typ des modernen Warenhauses sei eine Ansammlung von Fachgeschäften unter einem Dach. Ein Warenhaus müsse möglichst alles bieten, woraus sich die Vielzahl seiner Abteilungen erkläre. Dies stemple ein Warenhaus zu einem kompletten Einkaufszentrum im Stadtkern.

Aus der Sicht des Verbrauchers, so stellt die „Verbraucherpolitische Korrespondenz" fest, diene das Warenhaus der Bedarfsweckung der zunehmend anspruchsvoller werdenden Mittelschichten, auf die bald 80 Prozent des Verbrauchereinkommens entfalle. Diese Verbraucher erwarteten geradezu im Warenhaus permanent neue Anregungen, wodurch sich auch erkläre, warum sich lange Menschenschlangen bildeten, wenn ein neues Warenhaus seine Pforten öffne. Das Warenhaus wirke wie eine Art Rolltreppe, die den Verbraucher in neue Lebensziele einführe.

1967

Am 16. Januar folgt ein zweiter Bombenalarm, wieder nach einem anonymen Anruf.

Am 22. Februar entsteht schwerer Schaden an vier Schaufenstern in der Obernstraße, die aus Rache eingeschlagen werden. Der Täter war auch der anonyme Bombendroher.

Am 1. März nimmt Paul Derigs seine Tätigkeit als Vorstandsmitglied der Karstadt AG in Essen auf. Karl Jost-Merker wird sein Nachfolger in Bremen.

1968

Karl Jost-Merker wird als Direktor in die Hauptverwaltung berufen, Joachim Becker wird neuer Geschäftsführer in Bremen.

Die siebziger Jahre

1970

An sich sind Weinwochen nichts allzu Seltenes, aber die Bordeaux-Wochen vom 4.–14. November 1970 im Haus Obernstraße unterscheiden sich doch grundlegend von anderen Weinaktionen: Sie sehen die Inthronisation des Präsidenten des Senats, Bürgermeister Hans Koschnick, zum »Conseiller«. Der Grand Conseil de Bordeaux ist eine Weinbruderschaft, die den Titel »Conseiller« nur sehr selten vergibt.

Einmalig ist aber die Tatsache, daß die Weinbruderschaft zu diesem Ereignis nach Bremen und in unser Haus kommt. Normalerweise werden diese Zeremonien im Theater von Bordeaux, im Kloster St. Emilion oder mindestens in einem ausgesucht schönen Weinkeller des Gebietes von Bordeaux durchgeführt.

Dem Anlaß gerecht wird die Lebensmittelabteilung zum »Le Marché« (unten), das Schaufenster 16 zum »Bistro Geneviève« und das Restaurant zum »Château St. Emilion« stilvoll und aufwendig hergerichtet.

Edel wie das Ereignis: die Einladung auf feinstem Büttenpapier und die Weinabteilung.

Die siebziger Jahre

Bürgermeister Koschnick – hier bei seiner Inthronisation mit den Insignien seiner neuen Würde, dem Samtmantel mit Hermelinbesatz – befindet sich von nun an in einer sehr illustren Gesellschaft: Bisher wurden u.a. der Erfinder des Penicillins Alexander Fleming, der französische Ministerpräsident Jacques Chaban-Delmas, Bundeskanzler Willy Brandt und der Herzog von Edinburgh mit der gleichen Auszeichnung geehrt.
Karstadt-Vorstand Paul Derigs ist auch zu Gast (rechts) und erkennt

EDLE WEINE · SEIT 1831

REIDEMEISTER & ULRICHS GMBH

GESCHÄFTSLEITUNG

Karstadt Bremen

Geschäftsleitung

Sehr geehrte Damen und Herren,

Reidemeister & Ulrichs gehört zu den ältesten und traditionsreichsten bremischen Weinimporteuren und wurde bereits im Jahre 1831 gegründet. Heute ist das Unternehmen in der vierten Generation im Besitz der Familie Bömers.

Seit rund 100 Jahren begleitet Karstadt die Geschichte der Hansestadt Bremen, und fast eben solange hat die Verbindung unserer beiden Häuser schon Tradition. Gerne erinnern wir uns an Höhepunkte der Zusammenarbeit, wie beispielsweise Veranstaltungen mit dem Hause Baron Philippe de Rothschild und die gemeinsam kreierte Weinserie Toulouse-Lautrec.

Ihre ausgezeichnet sortierte Weinabteilung bietet ein hervorragendes Forum für die edlen internationalen Weine unseres Hauses.

Wir gratulieren Ihnen deshalb auf diesem Wege herzlich zu der hervorragenden Chronik Ihres Hauses! Für Ihr langjähriges Vertrauen danken wir Ihnen und wünschen dem Hause Karstadt weiterhin viel Erfolg.

Mit freundlichen Grüßen

Michael Bömers
Teilhaber

Günter Schimmer
Geschäftsführer Vertrieb

Heute noch ein echter Geheimtipp für Bordeaux-Liebhaber:
Château du Grand Mouëys in den Premières Côtes de Bordeaux.
Seit 1989 im Besitz von R&U Bremen.

GESCHÄFTSLEITUNG: DIPL.-VOLKSWIRT ERNST-HEINRICH HARMEYER · GÜNTER SCHIMMER · DIPL.-KFM. MICHAEL ULLRICH
AUF DER MUGGENBURG 7 · D-28217 BREMEN · POSTFACH 10 23 20 · D-28023 BREMEN · TELEFON 04 21-39 94-0 · TELEFAX 04 21-39 94-174 · AMTSGERICHT BREMEN HRB 13914

Die siebziger Jahre

sich mit offensichtlichem Amusement auf einer Karikatur des Zeichners Branislav Zendelski wieder.
Die Feier findet im Hause selbst statt, im »Château St. Emilion«, dem stilvoll umgestalteten Karstadt-Restaurant (oben).

Im »Bistro Geneviève« (im Schaufenster, links) präsentiert der Sommelier feinsten Bordeaux frisch vom »Marché«, dem Weinmarkt in der Lebensmittelabteilung.

Die siebziger Jahre

1971

Abermals wird mit umfangreichen Umbau- und Modernisierungsarbeiten begonnen.
Nicht unwesentlich ist dabei die Eingliederung des für neun Millionen Mark erworbenen Defaka-Hauses in der Obernstraße Nr. 27–33 als Möbelhaus.

Ein neues Karstadt-Logo ziert die Häuser, und ein neuer Slogan deutet an, wohin die Entwicklung geht – trotz Aus- und Umbau ist Karstadt Bremen »weiter auf richtigem Kurs«.

Was es mit dem Steuerrad-Logo auf sich hat und inwiefern Innovation und Tradition zusammenwirken, zeigt die nahe Zukunft:

Die siebziger Jahre

Während der zweijährigen Bauzeit sorgen Teileröffnungen der einzelnen fertiggestellten Bereiche immer wieder für neue Aktivitäten im Haus Obernstraße.

Aber zunächst erleidet Karstadt Bremen einen traurigen Verlust: Joseph Parten, Abteilungsleiter der Herrenkonfektion, kehrt von seiner Einkaufsreise nicht mehr zurück. Bei einem Flugzeugunglück in Zürich ist er am 18. Januar ums Leben gekommen.

Die Bauarbeiten gehen zügig voran. Geplant ist die Erweiterung der Verkaufsfläche um weitere 7.500 auf 25.800 Quadratmeter. Wie aber sollte das geschehen ohne An- und Zubauten und ohne Aufstockung? Die Lösung klingt einfach, doch sie erfordert enormen technischen Aufwand: Wenn Karstadt nicht in die Höhe und nicht in die Breite wachsen kann, dann muß es eben in die Tiefe wachsen, und das um 95 Zentimeter, weil die Geschoßhöhe des bisher für Lagerräume genutzten Untergeschoßes nicht ausreicht. Und so wird das Fundament um diese 95 Zentimeter nach unten abgesenkt, damit die Lebensmittelabteilung aus der vierten Etage in den bisherigen Keller ziehen kann.
Zunächst werden Hilfsfundamente eingebaut, auf denen hydraulische Stützen ruhen, die wiederum die Lasten jedes Betongerüst-

Die siebziger Jahre

pfeilers in diesem Bereich abfangen. Ein Betonring um die durchbohrten und bewehrten Pfeiler nimmt die Last auf und leitet sie über die Stützen in die Hilfsfundamente. Die so entlasteten Pfeiler werden untergraben und um den fehlenden Meter verlängert. Sobald die eigentlichen Pfeiler wieder die Last übernehmen, wird die Hilfskonstruktion abgetragen und der Boden bis auf die erforderliche Tiefe ausgehoben.

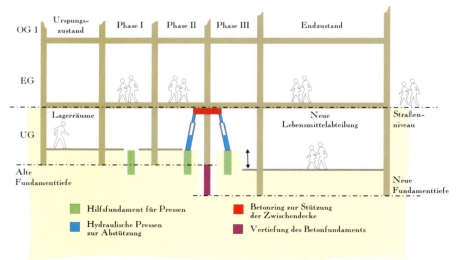

Die siebziger Jahre

1972

Am 9. März werden zunächst die Lebensmittelabteilung (oben) und das Schnellrestaurant »Bremer Kajüte« (oben links) im Untergeschoß eröffnet.

Zur besseren Orientierung der Kunden gibt Karstadt einen eigenen Plan der neuen Lebensmittelabteilung heraus – in orange und grün, wie es dem Stil der Zeit entspricht.

Die siebziger Jahre

1973

Mehrere Teileröffnungen unter dem Slogan »Karstadt weiter auf richtigem Kurs« folgen, in den Medien jeweils durch einen »Countdown« angekündigt.

Die seit 1902 im Bremer Handelsregister eingetragene Filiale hat in diesem Jahr ihre Selbständigkeit verloren, dafür aber heißt es am 5. April 1973 zur endgültigen Übergabe des vierten »Weltstadthauses« der Karstadt AG:
»Klar Schiff auf allen Decks und volle Fahrt voraus« – mit vielen tollen Sonderangeboten.

Selbst bei Feiern herrscht Einklang mit dem maritimen Erscheinungsbild, das Karstadt von sich zeichnet!

Es ist ein großes Haus geworden, das sich jetzt von der Obernstraße 5 bis zur Nummer 33 erstreckt, wie die durchgehende Festbeleuchtung rechts belegt.

In seiner Ansprache vor der Presse und Vertretern der Wirtschaft betont Vorstandsmitglied Paul Derigs, daß Karstadt trotz der aufkommenden Systemkritik bedürfnisloser Hippies und radikaler Intellektueller auf die Konsumvorstellung der breiten Öffentlichkeit baue.

Er ermahnt auch die Politiker, für die Erreichbarkeit der Innenstadt zu sorgen – immerhin wird hier rund ein Drittel des gesamten Umsatzes des Bremer Einzelhandels getätigt.

Die siebziger Jahre

Die siebziger Jahre

KARSTADT
PRESSEINFORMATION
Nr. 16b/73 vom 4. April 1973

Informationen über KARSTADT Aktiengesellschaft Essen · KEPA Kaufhaus G.m.b.H. Essen

Betr.: <u>Karstadt-Bremen in Zahlen</u>

Baukörper
- Gesamtverkaufsfläche: 25.800 qm
- Verkaufsflächenzuwachs: 7.500 qm
- Gesamtnebenraumfläche: 18.900 qm
- Gesamtnutzfläche: 44.700 qm
- Gesamtflächenzuwachs: 7.500 qm
- Geschosse: 8
- davon Verkauf: 6

Verkaufsflächenanteile
- Textilien: 31 %
- Möbel/Einrichtung und Hausrat: 27 %
- verschiedener Bedarf: 19 %
- Lebensmittel/Restaurant/Cafeteria: 12 %
- Sonderverkaufsfläche, Kundendienstzentrum, Ausstellungsfläche, Verkehrswege: 11 %

Verkauf
- Abteilungen: rd. 80
- Sortiment: rd. 150.000 Artikel (ohne Farben und Größen)
- Serviceleistungen: rd. 60
- Vollbeschäftigte: rd. 2.000
  (Mitarbeiter einschl. Teilzeitbeschäftigte und Aushilfen auf volle Arbeitszeit umgerechnet)

Haustechnik
- Rolltreppen: 24
- Personenfahrstühle: 5
- Lastenfahrstühle: 8
- Sprinklerdüsen: 6.355
  (zur Brandbekämpfung)

Baukosten
- Umbau und Einrichtung rd. 30 Mill. DM

Herausgeber: KARSTADT Aktiengesellschaft, Presseabteilung, 43 Essen, -Bredeney, Theodor-Althoff-Str. 2, Tel.: 7 27 25 38 (Direktwahl). Nach Verwendung der Presseinformation zwei Belegexemplare an obige Anschrift erbeten.
FS 0857-508

Die siebziger Jahre

Die Pressemitteilung vom April 1973 zur Gesamteröffnung des Bremer Hauses läßt die Größe erst wirklich ermessen (links). Zur Verkaufsfläche von 25.800 Quadratmetern kommen nochmals Nebenräume mit insgesamt 18.900 Quadratmetern dazu, so daß sich eine gesamte Nutzfläche von 44.700 Quadratmetern ergibt.

Am 21. Dezember 1973 stellt Karstadt den Antrag, den Verkauf von Campingartikeln auf dem Ansgarikirchhof zu genehmigen. Bis zum Jahre 1982 werden hier in jedem Frühjahr und Sommer – im Freien ebenso wie in einem Großzelt – Campingartikel und Zubehör verkauft. Auch eine kleine Gartenabteilung gehört zeitweise zum Open-Air-Verkauf dazu, wie das Bild oben beweist.

Die siebziger Jahre

Ab 1973 hat Karstadt auch ein Standbein in Delmenhorst. Mit einer Verkaufsfläche von rund 6.400 Quadratmetern eröffnet die 87. Karstadt-Filiale.

Das Haus (rechts) ist organisatorisch zeitweise an Bremen angeschlossen und wird in der Zeit von der Geschäftsleitung und den verschiedenen Abteilungsleitern aus Bremen betreut.

Nicht aus Delmenhorst, sondern aus Bremen stammt diese Tageskarte des Restaurants von Anfang der 1970er Jahre. Drei Jahrzehnte später sehen die Preise ähnlich aus – nur eben in Euro, nicht in DM...

Die siebziger Jahre

1976

Durch eine Genehmigung des Polizeipräsidiums in Essen vom 29. Januar 1976 erhält auch Karstadt in Bremen die Erlaubnis zum Handel mit Waffen und Munition.

Am 1. August feiert Geschäftsführer Joachim Becker seine 25jährige Betriebszugehörigkeit.

Nach Schließung der Kepa-Filialen wird das Haus in der Söge-/ Ecke Pelzerstraße zum Karstadt-Sporthaus umgebaut. Es ist genau jenes Grundstück, auf dem 74 Jahre zuvor das erste Karstadt-Haus in Bremen eröffnet wurde.

Karstadt und der Sport

Karstadt und Sport sind in Bremen eng verbunden – im Spitzen- wie im Breitensport, wie diese Bilder belegen.

Links oben: John McEnroe in der Stadthalle; links Michael Stich, Gewinner des Karstadt-Pokals 1986; darunter die Elite der Bremer Tennisjugend beim Turnier. Ganz unten links: Die Kindernachmittage in der Stadthalle sind immer total ausgebucht – 7000 Karten werden Karstadt aus der Hand gerissen. Und die zukünftigen Sechs-Tage-Stars können schon mal in der Karstadt-Kurve trainieren...

Natürlich ist Karstadt auch eng mit Werder Bremen und seinen Fans verbunden (oben) – eine gemischte Karstadt-Mannschaft (eine Dame, sieben Herren) erreichte sogar das Finale im Elfmeterschießen in den Pausen der Werder-Spiele (unten) vor fast 30.000 Zuschauern.

Karstadt und der Sport

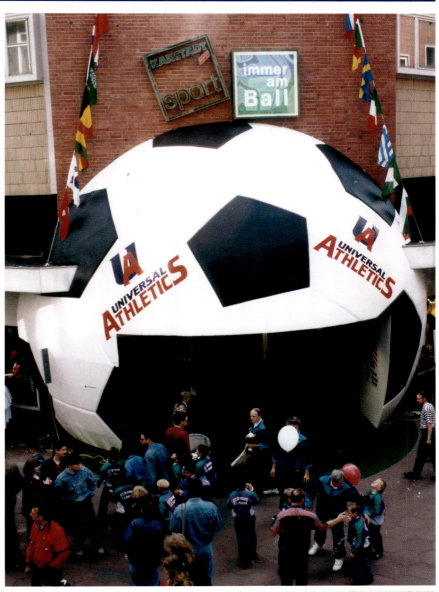

Zur Fußball-WM wird der Eingang zum Karstadt-Sporthaus entsprechend dekoriert (rechts). Auch die neueste Sportmode wird stets in passendem Rahmen präsentiert, etwa von der Bremerhavener Weltmeister-Formation bei einem Tennisturnier (oben).

Als Werder Bremen Deutscher Fußballmeister wird, verkauft das T-Shirt-Team des Sporthauses noch in der Nacht die Sieger-Shirts, die ständig nachgedruckt werden müssen (unten: geschlaucht, aber glücklich). Und wie sich das für ein Sporthaus-Team gehört, ist man natürlich auch selbst aktiv, etwa beim Schwimmfest (unten rechts).

Hundert Jahre Karstadt

1977/78

Wie bereits das Kepa-Haus Söge-/Pelzerstraße, das zum Sporthaus geworden ist, werden auch die anderen Kepa-Filialen entweder als Karstadt-Häuser in das Filialnetz integriert oder verkauft. Karstadt beteiligt sich auch an der Neckermann-Gruppe. Die Namen der Kaufhäuser Kepa und Neckermann verschwinden in Bremen.

1979

Eine weitere ehemalige Kepa-Filiale wird als Teppichboden-Center dem Karstadt-Haus angeschlossen. Die Dependance in Bremen-Walle hat eine Verkaufsfläche von 1.500 Quadratmetern. Sie bleibt bis zum Jahre 1995 Teil des Bremer Hauses, wird dann organisatorisch wieder ausgegliedert und später überhaupt verkauft.

1980

Joachim Becker tritt in den Ruhestand. Er war 1951–1958 in Bremen Substitut und Abteilungsleiter, von 1968 bis 1980 Geschäftsleiter. Sein Nachfolger als Geschäftsleiter im Bremer Haus wird Hans-Hinrich Blumenberg.

Karstadt-Jubiläum wirft seine Schatten voraus
Aufruf zu einer Sammel-Aktion für das Historische Firmenarchiv

Am 14. Mai 1881 eröffnete der erst 25jährige Rudolph Karstadt in Wismar/Mecklenburg ein „Tuch-, Manufactur- und Confectionsgeschäft" mit nur einem Angestellten. Seine Geschäftspolitik: Billige aber feste Preise und Barzahlung. Damit brach er mit der herkömmlichen Praxis im Einzelhandel, nach der die Preise mit Zahlungsziel „verhandelt" wurden.
Karstadt war ein innovationsfreudiger, fleißiger und besonders sparsamer Kaufmann. Der geschäftliche Erfolg veranlaßte ihn zur Gründung weiterer Filialen in Norddeutschland. Die Krönung: Die Eröffnung des Hauses Hamburg-Mönckebergstraße im Jahre 1910 — auch heute noch für viele Karstädter das „Flaggschiff" unseres Unternehmens.

Was als kleines Textil-Fachgeschäft begann, hat sich trotz wirtschaftlicher Rückschläge, Kriegsfolgen, Struktur- und Konjunkturproblemen in fast 99 Jahren zum größten Einzelhandelsunternehmen Europas entwickelt. Karstadt- und Neckermann-Bereich erzielten 1979 zusammen einen Konzern-Umsatz von etwa 12 Mrd. DM. Mehr als 80 000 Mitarbeiter haben zu dieser Leistung beigetragen.
Wenn wir in knapp eineinhalb Jahren der hundertsten Wiederkehr des Firmengründungstages in würdigem Rahmen gedenken wollen, ist es hohe Zeit, sich über die Ausgestaltung des Jubiläums Gedanken zu machen. Der HV-

Firmengründer Rudolph Karstadt
(geb. 16.2.1856, gest. 19.12.1944)

Firmengründer Theodor Althoff
(geb. 9.10.1858, gest. 26.8.1931)

Arbeitskreis „AK 100" hat deshalb bereits seit geraumer Zeit mit der Planung für die Ausgestaltung der Jubiläumsaktivitäten begonnen.
Daß im Rahmen dieser Aktivitäten auch die Geschichte unseres Unternehmens und das Wirken unserer Firmengründer Rudolph Karstadt und Theodor Althoff*) eine besondere Rolle spielen, versteht sich von selbst.

Um eine möglichst umfassende historische Darstellung des Unternehmens und seiner Gründer zu erarbeiten, rufen wir schon jetzt alle Mitarbeiter — insbesondere unsere im Ruhestand lebenden ehemaligen Mitarbeiter — auf, mitzuhelfen, das historische Karstadt-Archiv, das wir in einer ersten „Sammelaktion" 1969 aufzubauen begannen, weiter zu ergänzen.

Schriftstücke, Fotos, persönliche Erinnerungen an und Anekdoten über die Firmengründer würden uns ebenso helfen wie historisches Material (Außen- oder Innenaufnahmen, Schriftstücke von historischem Wert u. ä.) über unsere Filialen und die Hauptverwaltung — in der Vorkriegszeit und natürlich auch in den Kriegs- und Nachkriegsjahren.
Mit diesem Aufruf verbinden wir die Hoffnung, daß, ähnlich wie im Falle des 50jährigen Kepa-Jubiläums 1976, viele für das Unternehmen interessante historische Dokumente zu uns gelangen.
Einbezogen in diesen Aufruf sind auch unsere Filialen, die z. T. über die Kriegs- und Nachkriegswirren hinweg manches interessante historische Dokument in ihren Archiven besitzen. Hierzu zählen auch historisch zu bezeichnende Artikel aus Sortimenten der Vergangenheit oder Dekomaterial und Werbemittel.
Übrigens: Auch was erst 10 Jahre zurückliegt, ist für die Firmengeschichte bereits historisch!
Helfen Sie mit, das Historische Karstadt-Archiv so auszubauen, daß es einen wertvollen Beitrag leisten kann zum 100jährigen Firmenjubiläum 1981.

Sammelstelle
für alle historischen Dokumente, gleich welcher Art, ist die
Presseabteilung
in der Karstadt-Hauptverwaltung, Essen.
Alle Zusendungen richten Sie bitte an folgende Anschrift:
Karstadt AG, Presseabteilung, Postfach 10 21 64, 4300 Essen 1.
Falls Sie besuchen wollen, kommen Sie nach
Essen-Bredeney, Theodor-Althoff-Straße 2.
Zuständig für das Historische Archiv ist Herr Horst Herning
(Telefon: 02 01/7 27-25 35).

---

*) Theodor Althoff begründete mit der Übernahme des mütterlichen „Kurz-, Weiß- und Wollwaarengeschäfts" in Dülmen/Westfalen 1885 ebenfalls ein Warenhausunternehmen, das 1920 mit der Rudolph Karstadt AG fusionierte.

Hundert Jahre Karstadt

Am 20. Dezember richtet ein Brandsatz in der vierten Etage des Hauses Obernstraße erheblichen Sachschaden an. Der Täter kann nicht ermittelt werden.

Alle Abteilungsleiter werden noch in der Nacht zu Aufräumarbeiten angerufen, nur der betroffene Abteilungsleiter wird nicht erreicht. Als er um neun Uhr morgens eintrifft, wird ihm seine schon wieder weitestgehend aufgeräumte Abteilung übergeben.

Links: Die Hauszeitschrift veröffentlicht einen Aufruf nach historischem Material für das Jubiläum (1980).

Der Weser-Kurier berichtet über das 100-Jahr-Jubiläum 1981.

Ein ganzes Kinderdorf als Jubiläumsspende

Karstadt blickt auf 100jähriges Bestehen zurück

No. Aus Anlaß des 100jährigen Bestehens von Karstadt, Europas größtem Warenhauskonzern, soll es kostspielige Jubiläumsfeiern nicht geben: Es werden dafür etwa zwei Wochen lang Jubelpreise angeboten und überdies in Bremen am 8. Mai eine Riesentorte angeschnitten. In ausgesprochen fröhlicher Stimmung aber dürften 120 elternlose und verlassene Kinder in Rio de Janeiro sein, denn ihnen hat die Unternehmensleitung der Karstadt Aktiengesellschaft eine Spende übermittelt, damit sie in einem SOS-Kinderdorf eine neue, sichere Heimat finden. Was sich Karstadt dies kosten läßt, darüber wird der Mantel des Schweigens gebreitet. Und das ist gut so, denn dieses Geschenk an 120 junge Brasilianer geschieht, wie es heißt, voll im Sinne der rund 85 000 Mitarbeiter des Unternehmens in den 1555 Warenhäusern und Filialen zwischen Flensburg und München.

Selbstverständlich ist auch Bremen dabei, wo die Karstadt Aktiengesellschaft seit fast 80 Jahren zu Hause ist. Die mecklenburgische Stadt Wismar ist die Urzelle des Unternehmens, wo am 14. Mai 1881 der gelernte Einzelhandelskaufmann Rudolph Karstadt mit finanzieller Hilfe seines Vaters sein erstes eigenes Geschäft einrichtete. Er brachte dazu 1000 Thaler, einen Möbelwagen voll Ware und einen Angestellten mit. Die für die damalige Zeit revolutionäre Geschäftspolitik ließ sich kurz umreißen: Es gab billige, aber feste Preise, und es wurde in bar abgerechnet.

Die weitere Entwicklung: 1893 sieben Filialen, 1906, als die Firma 25 Jahre jung war, gab es schon 24 Filialen. Seinerzeit kam auch der Textilkaufmann Theodor Althoff hinzu, der mit Rudolph Karstadt eine überaus erfolgreiche Geschäftsehe einging. Zur Zeit des 50jährigen Firmenbestehens betrieb die Karstadt AG 89 Filialen im Reichsgebiet. Die Weltwirtschaftskrise ließ die Zahl der Filialen schrumpfen, und als der Zweite Weltkrieg begann, waren innerhalb des alten Reichsgebietes 21 000 Mitarbeiter auf einer Verkaufsfläche von etwa 260 000 Quadratmetern für Karstadt tätig und erzielten einen Gesamtumsatz von knapp 300 Millionen Reichsmark.

Das Auf und Ab des Unternehmens war auch in Bremen zu verspüren, wobei die Aktivitäten in der Hansestadt zu den erfolgreichsten aller Traditionsstandorte zählten. Es begann mit einer ersten Filiale in der Sögestraße/Ecke Pelzerstraße (1902). Es folgten Erweiterungen in den Jahren 1917, 1919 und 1927, die das Haus schon damals zu einer beliebten Einkaufsstätte für alle Verbraucherschichten werden ließen. Doch es wurde eng und enger, so daß sich Karstadt zu Beginn der dreißiger Jahre zu einem Neubau an der Ecke Obernstraße/Sögestraße/Große Hundestraße entschloß. Im Frühjahr 1932 war er fertig, und das neue Warenhaus mit seinen sechs Verkaufsgeschossen, die sich um einen üppigen Lichthof gliederten und zu denen acht Rolltreppen sowie fünf Fahrstühle führten, galt damals als eine Sensation unter den Großbetrieben des Einzelhandels.

Zwölf Jahre später, kurz vor Kriegsende, sank das stolze Gebäude bei einem Bombenangriff in Schutt und Asche. Nur die mächtigen Quadern der Fassaden blieben stehen. Mit 400 Quadratmeter Gesamtnutzfläche — vorher waren es rund 13 000 gewesen — begann der Verkauf gleich nach Kriegsende in den unbeschädigten Kellerräumen. 1947 zog man wieder ins Erdgeschoß, und in Etappen folgte dann der Aufbau von zunächst drei Obergeschossen. Immerhin: 1952 war Karstadt Bremen mit 12 000 Quadratmeter Verkaufsfläche das seinerzeit größte Warenhaus des Konzerns.

Wiederaufbau und Ausbau machten dennoch nicht halt. Die Verkaufsfläche kletterte auf 15 900 Quadratmeter (1959), auf 18 300 Quadratmeter (1965), und als das damalige Defaka-Haus übernommen und für rund 30 Millionen Mark nach zweijähriger Bauzeit voll umgekrempelt wurde, konnte das Unternehmen mehr als 150 000 Artikel in sechs Geschossen auf einer Fläche von 25 800 Quadratmetern anbieten.

Nicht von ungefähr wurde Karstadt Bremen seither unter der anspruchsvollen Bezeichnung „Weltstadt-Warenhaus" geführt. Und als weitere Aktivitäten notwendig wurden, kamen außerhalb des Stammhauses ein Sporthaus in der Sögestraße und ein Teppichbodencenter in Walle hinzu. Unterm Strich: Das „Weltstadt-Warenhaus" in Bremen verfügt mit seinen zwei Dependancen über eine Verkaufsfläche von knapp 30 000 Quadratmetern, und es beschäftigte am Jahresende 1980 nicht weniger als 2051 Mitarbeiter.

Dies alles ließen die Karstadt-Oberen aus Bremen und den Häusern in Bremerhaven und Delmenhorst während einer Pressekonferenz im Vielstedter Buurnhus zünftig Revue passieren. Der niederdeutsche Heimatdichter Heinrich Schmidt-Barrien faßte die Firmenchronik in Plattdeutsch zusammen, vergaß dabei seine Erzählerfigur Jan Kiewitt nicht und schmückte vieles mit Döntjes aus. Mit von der Landpartie war übrigens als Ehrengast Bertha Fritze aus Bremen, die in Kürze 100 Jahre alt wird. Ihre Wiege stand zwar in Königsberg. Als sie das Licht der Welt erblickte, hatte Rudolph Karstadt in Wismar schon die ersten Goldtaler eingenommen. Heute beträgt der Jahresumsatz des Gesamtunternehmens alles in allem 12,6 Milliarden Mark, mehr als dreimal soviel, wie die Freie Hansestadt Bremen im Laufe eines Jahres einnimmt.

Zu wenig Parkflächen am Hansa-Stadion

ri. Wer heute nachmittag zum internationalen Speedwayrennen im Hansastadion am Arsterdamm will, soll sein Auto zu Haus lassen und öffentliche Verkehrsmittel benutzen. Der Grund: Die Polizei weist darauf hin, daß in der Nähe des Stadions nicht genug Parkflächen zur Verfügung stehen.

Hundert Jahre Karstadt

1981

Karstadt – inzwischen zu einem der größten Warenhauskonzerne Europas angewachsen – feiert sein hundertjähriges Bestehen unter dem Motto »Hundert Jahre Einkaufsfreude«. Und Karstadt Bremen feiert natürlich mit, wenn auch in bescheidenem Rahmen. Denn statt pompöser Feierlichkeiten spendet Karstadt die dafür vorgesehene Summe einem SOS-Kinderdorf in Brasilien.

Ein Presse-Empfang findet im Vielstedter Buurnhuus statt. Der niederdeutsche Heimatdichter Heinrich Schmidt-Barrien erzählt die Karstadt-Firmengeschichte zünftig und stilgerecht »up Platt« und schmückt sie mit vielen Döntjes aus.

Bei aller Sparsamkeit – ohne eine Busladung Jubiläums-Luftballons geht's dann doch nicht!

Hundert Jahre Karstadt

Heinrich Schmidt-Barrien bei seiner Laudatio (oben). Die aktuellen und die ehemaligen Führungskräfte des Bremer Hauses treffen sich zum Jubiläum (oben rechts). Bürgermeister Koschnick gratuliert und dankt für die Kinderdorf-Aktion (rechts). Ehrengast ist Frau Berta Fritze – mit 100 genauso alt wie das Unternehmen (unten).

Freie Hansestadt Bremen
Der Präsident des Senats

An die
Geschäftsleitung
des Karstadt Warenhauses
Obernstraße
2800 Bremen 1

Bremen, den 4. Mai 1981
☎ (0421) 361 - 4139

Geschäftszeichen:
(Bitte bei Antwort angeben)

Sehr geehrte Damen und Herren,

Ihnen, Ihrem Betrieb und Ihren zahlreichen Mitarbeitern gratuliere ich aus Anlaß des 100jährigen Bestehens der Firma Karstadt sehr herzlich.

Ihre Entscheidung, anstelle eines diesem Tag zwar angemessenen Empfanges, die entsprechenden Mittel für die Errichtung eines Kinderdorfes in Brasilien zur Verfügung zu stellen, kann ich nur außerordentlich begrüßen.

Der Firma Karstadt und den Mitarbeitern wünsche ich auch weiterhin alles Gute und verbleibe

mit freundlichen Grüßen

(Hans Koschnick)
Bürgermeister

Die achtziger Jahre

1982

Im Oktober eröffnet »FOLLOW ME«, das Jugend-Modezentrum im Haus Obernstraße. Die Ankündigungstexte sind ebenso jugendgerecht wie das Design:
»wo's jetzt die größte äktschen in Bremen gibt – FOLLOW ME.
schnell haste das neue schild in der optik: FOLLOW ME und nix wie hinterher – die treppe rauf in die erste und schon biste voll drin im geschehen. 1000 quadratmeter! nee nicht kaufhausmäßig – alles erste sahne!!! aus 46 kopfhörern

FOLLOW ME – mit »Maschinenraum« (links oben), Kommandostand (links) für Musik und Videos (rechts), Erfrischungsinsel (unten links), »Äktschenbühne« samt Großbildschirm (unten rechts) und stets passender Dekoration.

Die achtziger Jahre

dröhnen die brandheißesten scheiben und videoclips so wie die turnschuhgeneration sie liebt.
FOLLOW ME – das neue märchenland im high-tech-alu-design. da findet jedes bein ne starke röhre und jeder sein gag-appeal. nix mehr möbelabteilung...«

Bis 1988 gab es FOLLOW ME, dann paßte die Jugend so nicht mehr ins Kaufhauskonzept (sagte die Zentrale), und so wurde dieser größte, auffälligste und attraktivste Jugendtreff im ersten Obergeschoß wieder zur braven Kleiderabteilung.

Angeboten werden Klamotten im Punk-Stil der Zeit ebenso wie im Second-Hand-Look (oben).
Unten ein Schaufenster im FOLLOW-ME-Stil.

Die achtziger Jahre

1983

Im Februar wird erstmals ein eigener Filialrechner (IBM) in einem separaten EDV-Raum installiert.

Im Herbst eröffnet unsere »Hafenkneipe« im Hinterhof. Sie wird zum attraktiven Treffpunkt in der City, bis sie im Juli 1991 dem Umbau weichen muß. Der Vorstand war nicht davon zu überzeugen, daß dieser Bremer Institution auch im neuen Haus ein Platz eingeräumt werden muß.

Vorerst aber lockt die Hafenkneipe nicht nur mit gemütlicher Atmosphäre, sondern auch mit stilgerechten Ereignissen, etwa der Vorführung des Baues von Buddelschiffen (rechts).

Die achtziger Jahre

Die achtziger Jahre

Und weil wir schon bei den maritimen Belangen sind: In den Folgejahren beteiligt sich das Bremer Haus auch an den Bemühungen um die Rettung des Leuchtturms Roter Sand – der Bierkrugverkauf erbringt über 9000 Mark.

9120 Mark für Leuchtturm „Roter Sand"

Die Hilfe der Karstadt-AG für die Aktion „Rettet den Leuchtturm Roter Sand e. V." hat einen zählbaren Erfolg erzielt: 9120,– Mark wurden durch den Verkauf von Bierkrügen erzielt.
Die Nachbildung des Turms ist auch in der Weihnachtszeit noch im Karstadt-Haus an der Obernstraße zu bewundern.

Die achtziger Jahre

1984

Ab Jahresbeginn erhält das Teppichcenter Bremen-Walle eine eigene Betriebsstellen-Nummer.

Am ersten Juli feiert Geschäftsführer Reiner Hippler seine 25jährige Zugehörigkeit zum Unternehmen.

Donald Duck feiert in diesem Jahr Geburtstag – und Karstadt feiert mit. Unsere kleinen Gäste treffen den Comic-Star in einer eigens gecharterten Bremer Straßenbahn und sind auch beim Borgward-Corso zum Freimarkt dabei.

Die achtziger Jahre

Die achtziger Jahre

Ebenfalls Geburtstag – und zwar den zehnten – feiert die Schweinegruppe in der Sögestraße, Vorbild für unsere beliebten Silvester-Glückssymbole. »Such–such!« heißt unser Suchschwein-Partnerspiel – wer seinen Partner mit der gleichen Glücksnummer findet, darf sich auf einen der zahlreichen Gewinne freuen. Die Schweinchen mit dem Glückspfennig gibt es übrigens seit 1975, sie sind beliebte Sammelobjekte aller Karstädter und Kunden. Darum sucht Karstadt im nächsten Jahr auch den eifrigsten »Schweinehirten«. Frau Margot Wenker hat noch immerhin neun von den bisherigen zehn – und jetzt auch ein »richtiges« Schwein.

Spanferkel am Silvestermorgen

Am 31. Dezember veranstaltet Karstadt von 10 Uhr an wieder eine „Glücksschwein-Aktion". Vor dem Kaufhaus werden am Silvestermorgen, wie schon seit zehn Jahren, kleine Sparschweine von einem Schornsteinfeger verteilt. Auf allen Glücksbringern steht die Jahreszahl 1986. Alle Bremer sind aufgerufen, ihre Sparschweine aus den vergangenen Jahren mitzubringen. Derjenige, der die meisten „Karstadt-Glücksschweine" mit verschiedenen Jahreszahlen vorzeigen kann, gewinnt ein Spanferkel.

Die achtziger Jahre

1985

In diesem Jahr feiert die Deutsche Bahn das Jubiläum »150 Jahre Deutsche Eisenbahn« – und ist damit auch zu Gast bei Karstadt. Eine Sonderausstellung zum Thema Bahnhöfe ist ebenso Teil der Aktion wie eine echte Dampflok vor dem Haus.

Am 24. Juni muß das Haus wegen einer Bombendrohung geräumt werden. Gefunden wird jedoch nichts.

Die achtziger Jahre

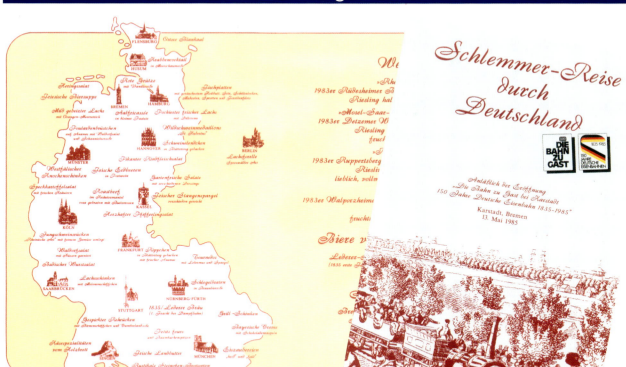

Für die prominenten Gäste (unten Willy Lemke und Alfred Biolek) gibt es einen Empfang mit einer »Schlemmerreise durch Deutschland« – noch ist es das »halbe« Deutschland, wie die Speisekarte (oben) beweist. Die Kinder hingegen lockt eine Fahrt mit dem Nachbau der »Adler«, der ersten deutschen Lok.

Die achtziger Jahre

1986
Die Japan Woche ist die größte, umfangreichste und bedeutendste Werbeschau im ganzen Haus, die jemals in Bremen durchgeführt wurde.

Der Gesamtaufwand für diese Schau beträgt über eine Million Mark an Werbekosten.

Sie ist neben einer Verkaufsveranstaltung in erster Linie auch ein Kulturereignis. Zahlreiche Künstler werden eigens aus Japan eingeflogen, um den Bremern einiges aus dem japanischen Kulturkreis näher zu bringen. Zu ihrer Unterstützung werden weitere Künstler aus der japanischen Kolonie in Düsseldorf für unser Haus gewonnen.

Die achtziger Jahre

Eine vierköpfige Trommlertruppe hinterläßt den (laut-)stärksten Eindruck.
Im dritten Obergeschoß wird ein Original Japan-Restaurant für die Schau installiert, davor ein kleiner japanischer Garten samt Teich. Bürgermeister Hans Koschnik läßt es sich nicht nehmen, diese Kulturschau zu besuchen und in unserem Japan-Daitokai-Restaurant mit den zahlreichen geladenen Japanern zu speisen.
Die 22 japanischen Künstler werden zu einem offiziellen Besuch in das Bremer Rathaus eingeladen.

Die achtziger Jahre

Kimono-Modenschau, Secondhand-Basar, Sushi-Essen, Lernen, mit Stäbchen zu essen, die Teezeremonie im Teehaus, Origami, Ikebana, Malen, Schnitzen und andere Künste werden vorgeführt. Auch sind frankaturfähige japanische Briefmarken im Angebot und ein eigens aufgebautes Zimmer zeigt die japanische Art des Wohnens.

Die achtziger Jahre

In der Sögestraße neben dem Karstadt-Sporthaus weist ein achteinhalb Meter hohes »Tori« auf diese Aktion hin. Mit zehn Metern Breite füllt es den zur Verfügung stehenden Raum gut aus, und die dreieinhalb Tonnen Gewicht verlangen nach solider Verankerung.

Daß auch sonst keine Mühen für die Ausstellung gescheut wurden, beweist das Auto in der vierten Etage. Manch einer mag sich gefragt haben, wie das denn dorthin gekommen sei. Ganz einfach: mit dem Kran. Weniger einfach war allerdings, daß dafür in drei Etagen extra Luken in die Fassade zur Obernstraße geschlagen werden mußten...

Die achtziger Jahre

Für die Dauer der Japan-Wochen sind alle Straßenbahnen und natürlich das Haus mit der japanischen Flagge geschmückt.

Im Juni wird ein Gemeinschafts-Nähatelier im sechsten Stock eingerichtet, das jetzt neben Wilhelmshaven auch Cuxhaven und Bremerhaven mitbedient.

Im September wird eine EDV-gestützte Wareneingangsbuchhaltung in Betrieb genommen.

1987

Am 20. August 1987 wird das Lagerhaus in Sebaldsbrück an die Fa. Daimler Benz verkauft.
Nach der Räumung dient ein Lager in der Dölvestraße als Interimslösung.

Am 18 Dezember wird der Grundstein für die »Lloyd-Passage« gelegt. Unter maßgeblicher Beteiligung von Karstadt wird in den nächsten zweieinhalb Jahren die Große Hundestraße von einer Anlieferstraße zu einer attraktiven Einkaufspassage umgestaltet.
Angedacht war das Projekt bereits 1984 worden vor dem Hintergrund, daß – auch und gerade angesichts der neu entstehenden großen Einkaufszentren am Stadtrand – eine Aufwertung der Bremer Innenstadt dringend geboten sei. Noch im gleichen Jahr konstituierte sich eine Interessengemeinschaft »Lloyd-Passa-

Die achtziger Jahre

ge«, die die weitere Planung des Projekts vorantrieb.

Mit der Grundsteinlegung wird die »Hinterfront« von Karstadt zur Baustelle, was auch logistische Folgen mit sich bringt. Schließlich war die Große Hundestraße seit dem Bau des Hauses Obernstraße die Zulieferstraße. Aber dieses Problem wird – wie alle anderen – bald gelöst.

Die eigens geschaffene »Lloyd-Passage«-Verwaltung bemüht sich während der Bauzeit, einen ansprechenden Branchenmix für die Läden in der neuen Passage zusammenzustellen.

Geschäftsführer H.-H. Blumenberg und Senatorin Eva-Maria Lemke bei der Grundsteinlegung am 18. Dezember 1987.

So hat sie 1932 ausgesehen, die Große Hundestraße...

... und so wird die Lloyd-Passage bald aussehen.

Die achtziger Jahre

1988

Auch im Haus selbst beginnen neuerlich Umbauarbeiten: Erweiterung der Lebensmittelabteilung, Einbau einer neuen Fahrtreppe in das Basement direkt von der Ecke Sögestraße/zukünftige Lloyd-Passage aus. Bedingt dadurch ist wiederum die Verlängerung von drei Stützen nach unten in das Erdreich nötig. Aber da hat man ja mittlerweile Erfahrung...

Es erfolgt auch der Einbau neuer Portale sowie neuer Fensterrahmen in allen Verkaufsetagen und die Schaffung sogenannter Durchsicht-Schaufenster. Das Kragdach in der großen Hundestraße wird als Vorarbeit für die Lloydpassage abgebrochen. Und nicht zuletzt findet eine Modernisierung vieler technischer Anlagen wie Lüftung, Elektro-Verteilung und anderer Einrichtungen statt.

Die Gesamtinvestitionssumme beläuft sich auf den enormen Betrag von fast 70 Millionen Mark!

Das Haus Obernstraße nach den Umbaumaßnahmen 1988/89.

Je nach Fertigstellung werden die einzelnen Teilbereiche nacheinander wiedereröffnet.

Die Stützen für die Lloyd-Passage werden montiert

1989

Ab März 1989 Bezug des neuen Lagerhauses in Oslebshausen.

Am 1. Juni feiert Geschäftsführer Hans Hinrich Blumenberg seine 25jährige Betriebszugehörigkeit zu Karstadt.

Am 30. August geht Geschäftsleiter Reiner Hippler in den Ruhestand. Manfred Bremicker wird neuer Geschäftsleiter im Bremer Karstadt Haus.

Eine Neuerung in den Öffnungszeiten gibt es ab 27. Oktober: der »lange Donnerstag«, im Verkäuferjargon bald »Sch...lado« genannt, wird eingeführt.

Am 9. November erfolgt die Total-Eröffnung nach abgeschlossenem Umbau von Haupthaus in

Die neunziger Jahre

1990

Am 30. April wird mit einem »Tanz in den Mai« die Lloyd-Passage eröffnet.

Das Karstadt Haus befindet sich jetzt an drei attraktiven, kundenfreundlichen Straßenzügen.

An der Lloyd-Passage liegen zwei Warenhäuser und 25 Einzelhandelsgeschäfte sowie ein großes Parkhaus. Jederzeit läßt sich Karstadt nun trockenen Fußes vom Auto-Abstellplatz erreichen.

Die Lloyd-Passage wird zum Veranstaltungsort für die verschiedensten Ereignisse. Musik-, Tanz- und Gesangvorführungen, Länderschauen, Kunsthappenings und vieles mehr lösen sich im Laufe des Jahres hier ab. Höhepunkt bleibt die jährliche Geburtstagsfeier mit dem »Tanz in den Mai«. Mehrfach wurde die Lloyd-Passage auch zur Bühne innerbetrieblicher Mitarbeiterveranstaltungen nach Feierabend mit Musik und viel »Freibier«.

der Obernstraße und Sporthaus in der Sögestraße. Genau einen Tag lang – am 8. November – war das Haus geschlossen geblieben. Weitere 2.300 Quadratmeter Verkaufsfläche sind dazugekommen, und Vorstandsmitglied Heinz-Georg Grönemeyer (oben) erklärt stolz, daß allein die Investitionen in die Außengestaltung rund zehn Millionen Mark gekostet haben. Dafür aber sei Bremen hinsichtlich des Umsatzes das viertstärkste aller Karstadt-Häuser.

H.-G. Grönemeyer sieht positive Aussichten für Bremen, während in der Lloyd-Passage die letzten Pflasterungsarbeiten stattfinden.

Die neunziger Jahre

Rohrbombe explodierte nachts im Karstadthaus
11. Sep. 1992 — Feuer richtete Schaden in Millionenhöhe an / Motiv für die Tat liegt im dunkeln

rog. Wo sich sonst bei Karstadt an vielen Tagen die Kundschaft vor günstigen Hifi-Angeboten drängelt, wateten gestern morgen Verkäuferinnen und Verkäufer in Gummistiefeln durch eine ölige Wasserlache. Kurz vor Mitternacht war ein Feuer in der vierten Etage des Kaufhauses ausgebrochen. Obwohl die Hilfskräfte den Brand rasch unter Kontrolle bekamen, richtete er einen Schaden von vermutlich mehreren Millionen Mark an.

Das Löschwasser hat auch die dritte Etage in Mitleidenschaft gezogen. Nach den bisherigen Ermittlungen glaubt die Kripo, daß Unbekannte eine Rohrbombe mit einem Zeitzünder in einem Regal des vierten Stockes versteckt hatten. Gegen 23.30 Uhr alarmierte der Bewegungsmelder auf der vierten Etage des Kaufhauses die Polizei. Mehrere Beamte umstellten daraufhin das Gebäude in der Oberstraße. Doch bevor die Schutzpolizisten das Kaufhaus nach dem vermeintlichen Eindringling durchsuchen konnten, erschien die Feuerwehr am Tatort. Die Hilfskräfte waren nur kurze Zeit später als die Polizei durch einen Feuermelder alarmiert worden.

Mit dem Alarm wurde gleichzeitig die Sprinkleranlage des Hauses in Gang gesetzt. Große Mengen von Wasser ergossen sich über die Abteilung für Autozubehör. Da zahlreiche Kanister mit Autoölen durch die Hitze platzten und sich die Flüssigkeit zusätzlich mit dem Löschwasser der Feuerwehr vermischte, waren der Boden sowie zahlreiche Waren anschließend mit öligen Wasserlachen – und Spritzern überzogen.

In den frühen Morgenstunden durchsuchte die Polizei unterstützt von Diensthunden das Gebäude. Einen Eindringling spürten die Vierbeiner jedoch nicht auf. Erst die weiteren Ermittlungen ergaben, daß der Täter eine 20 Zentimeter lange Rohrbombe mit einer Zeituhr in der Nähe der Motoröle deponiert hatte. Die Kripo geht davon aus, daß die Unbekannte die Bombe während der Öffnungszeiten versteckt hat. Als die Bombe explodierte, löste die Druckwelle den Bewegungsmelder auf der Etage aus.

Mehrere Angestellte wurden gestern kurzerhand mit Gummistiefeln aus der Schuhabteilung ausgerüstet und mußten zum Großreinemachen in die dritte Etage, die zum Teil völlig unter Wasser stand. Wo sonst Teppiche, Lampen und Bademoden angeboten werden, dominierten gestern massenweise Feudel und Wischlappen das Bild. Für die Kundschaft blieb das dritte Stockwerk bis zum frühen Nachmittag gesperrt. Das darüberliegende Stockwerk wurde von einer Spezialfirma von seinem schmierigen Ölfilm befreit.

Die Geschäftsleitung hofft, daß dank vieler Helfer und einer zweiten Nachtschicht das vierte Stockwerk schon heute wieder für die Kundschaft geöffnet werden kann. Das Motiv des Täters lag gestern abend noch völlig im dunkeln. Auch ging noch kein Bekennerschreiben bei der Polizei ein. Die Kripo bittet Kunden, die am Mittwoch verdächtige Beobachtungen in der Nähe des Verkaufsstandes für Motoröle im vierten Stock gemacht haben, sich unter der Telefonnummer 3 62 66 66 zu melden.

In der Abteilung für Autozubehör richtete das Feuer den größten Schaden an. Hier hatte der unbekannte Täter während der Öffnungszeiten die Rohrbombe deponiert. Foto: Jochen Stoss

1992

Am 9. September gibt es Brandalarm im vierten Obergeschoß in der Autozubehörabteilung! Ausgelöst durch eine Rohrbombe um 23.30 Uhr richtet dieser Brand erheblichen Schaden an.
Das Haus muß teilweise bis zum 12. September geschlossen bleiben, der Gesamtschaden beträgt 6,4 Millionen Mark.

Die Jagd nach »Dagobert« ist ein großes Medienereignis – der ›Stern‹ steht hier stellvertretend für die gesamte deutsche Presse

Der Täter wird noch lange nicht erwischt – als »Dagobert« bekannt, narrt er (zum Amusement der Öffentlichkeit, wie man zugeben muß) die Polizei noch eineinhalb Jahre lang. Erst nach mehreren weiteren Anschlägen in anderen Karstadt-Häusern wird er im April 1994 von der Polizei gefaßt und später zu neun Jahren Haft verurteilt.

Im Sommer 2000 wird »Dagobert« vorzeitig aus der Haft entlassen. Zu Karstadt darf er allerdings nicht mehr – das Unternehmen hat ein Hausverbot gegen ihn für alle 208 deutschen Filialen verhängt. »Dafür ist damals zu viel passiert«, sagt ein Karstadt-Sprecher aus Anlaß der Freilassung.

Die neunziger Jahre

1994

Günter Kirsch übernimmt als Erster Geschäftsführer die Leitung des Bremer Hauses, Alfred Bremicker wird ab August als Erster Geschäftsführer in das Haus Bielefeld berufen.

Karstadt läßt eine silberne Rolandstatue aus dem Jahre 1914 nachbilden. Staatsrat Fuchs nimmt sie am 14. April für die Stadt Bremen in Empfang. Sie dient von nun ab den Bremer Rolandrunden in Bonn und Berlin als Symbol.

Am 21. Dezember versteigern Karstadt und Steiff die Bremer Stadtmusikanten. Eine extra für Bremen angefertigte, über zwei Meter hohe »Steiff-Plastik« kommt in der ›Glocke‹ unter den Hammer. Den Erlös von 10.000 DM nimmt Frau Christine Koschnick als Hilfe für Mostar im Namen ihres Mannes entgegen.

Unweit der »Originale« von Gerhard Marcks präsentiert Karstadt die »Bremer Vier« von Steiff.

Die neunziger Jahre

1995

Im Mai 1995 wird eine besondere unter den Bremer Besonderheiten »eröffnet«: Radio Bremen bezieht ein Schaufenster, das schon bald als »Studio K« bekannt wird. »K« steht natürlich für Karstadt. Schon lange wurde aus der Innenstadt regelmäßig berichtet, jetzt aber hat die Hansawelle eine eigene »Heimat in der Öffentlichkeit« gefunden. Das gläserne Studio ist tatsächlich etwas Außergewöhnliches – welches andere Karstadt-Haus hat schon sein eigenes ARD-Rundfunkstudio, und das im wahrsten Sinne des Wortes »in der Auslage«?

Moderatorin Claudine Bimmermann unterhält sich bestens mit Rolf Sauerbier, Pressechef von Kraft-Jacobs-Suchard. Unten bereiten sich Mitglieder des WWF für ihren Radio-Auftritt vor, während Otmar Willi Weber schon mal anmoderiert.

Die neunziger Jahre

Ein Pressetext aus dieser Zeit faßt die Aktivitäten bestens zusammen: »Interessante Leute: Theaterintendanten, Museumsdirektoren, Zoo- und Zirkusdirektoren, Schriftsteller, Starfriseure, Sänger und Musiker, Kabarettisten und Fußballer, Astrologen und Astronomen – sie alle erzählen über ihre Arbeit, über ihre Aktionen. Die Künstler von Stomp treten auf, Theaterleute und Zirkusartisten, Opern- und Popsänger ... Studio K – mittwochs, freitags und am Sonnabend-Vormittag: ›der Fenstertalk in der Obernstraße‹. Direkt aus Fenster 12.«

Bis 1999 bleibt Radio Bremen zu Gast im Schaufenster, dann wird den geänderten Hörergewohnheiten Rechnung getragen und das Studio aufgegeben.

Brigitte Neumann interviewt ein Mitglied der Boygroup »Boyzone« (oben), Otmar Willi Weber begrüßt einen Vertreter des Verbandes der Landschaftsgärtner (unten links). Und die Bremerinnen und Bremer sind – wie man sieht – auch gerne bei den diversen Aktionen von »Studio K« dabei (unten)...

Die neunziger Jahre

1997

Hans Hinrich Blumenberg scheidet aus Altersgründen aus der Firma aus. Mathias Ecke tritt als Zweiter Geschäftsführer die Nachfolge an.

Die Inventurdifferenz für das abgelaufene Jahr 1996 beträgt rund 1,7 Millionen DM im Warenwert zu Einkaufskonditionen. Diese Summe entspricht ungefähr dem Anschaffungspreis von 60 guten Mittelklasse-Autos.

Ein ernst zu nehmendes Problem mit steigender Tendenz sind dabei die Ladendiebstähle. So wurden 1996 2.300 Diebstahltaten im Haus Obernstraße aufgedeckt. Die festgestellte Schadenssumme beträgt ca. 200.000 DM. Durchschnittlich beschäftigt Karstadt zehn Detektive und wird in Zukunft zusätzliche Kameraüberwachungen einsetzen.

Nach fast zweijähriger Bauzeit und rund 27 Millionen Mark Kosten ist es am 23. Oktober so weit: An der Stelle des allerersten Karstadt-Hauses in Bremen, Ecke Sögestraße/Pelzerstraße, eröffnet das neue Sporthaus.
Und wie seine Vorgänger repräsentiert es den Stil der Zeit. War das »Urhaus« ein gründerzeitlicher Bau

Das neue Sporthaus vom Liebfrauen-Kirchhof gesehen.

Die neunziger Jahre

*Größer als das alte und dennoch längst nicht so massig: Das neue Sporthaus beeindruckt aus jedem Blickwinkel (rechts).
Sport-Prominenz bei der Eröffnung: Erich Zabel, Grit Böttcher und Jörg Wontorra (links). Geschäftsführer Günter Kirsch und die Direktoren Walter Preinfalk und Joachim Schröder machen eine elegante Figur auch auf dem Eis... (links unten)*

mit viel Fassadenschmuck, war das von der Kepa übernommene alte Sporthaus ein typisches Wirtschaftswunder-Kind, so ist das neue Sporthaus ganz im transparenten Glas-und-Stahl-Stil der kommenden Jahrtausendwende errichtet.
Mit 3.600 Quadratmetern wurde die Verkaufsfläche gegenüber dem alten Haus verdoppelt. Für alle, die mehr wollen, als nur einkaufen, bietet das Haus echte Möglichkeiten zu sportlichen Aktivitäten: Der Eislaufplatz auf dem Dach sucht seinesgleichen nicht nur in Bremen – der »Untertitel« des Hauses, »Top of Bremen«, ist Programm.

1998

Mit Jahrewechsel 1998/99 wechselt Günter Kirsch als Erster Geschäftsführer nach München. Heinz-Jürgen Wagner übernimmt als Erster Geschäftsführer das Karstadt-Haus in Bremen.

Die neunziger Jahre

Die neunziger Jahre

1999
Werder Bremen feiert hundertsten Geburtstag – und Karstadt als langjähriger Freund des Vereins ist natürlich mit dabei. Das Sporthaus wird komplett in grün-weiß gehüllt, auch innen ist alles auf das Jubiläum des Bremer Traditionsvereins ausgerichtet.

»Hausherr« Heinz-Jürgen Wagner führt den Manager des Jubilars, Willi Lemke, durch das grün-weiße Sporthaus.

KARSTADT

Die neunziger Jahre

Anfang Juni 1999 zieht »grün-weiß« auch ins Haupthaus an der Obernstraße ein. Allerdings nicht als Werder Bremen, sondern in der Form eines »Polizeiwachzimmers im Schaufenster«. Das gläserne Kontaktbüro der Bremer Polizei ist während der Geschäftszeiten besetzt und verstärkt die Präsenz der Ordnungshüter im Innenstadtbereich. Das Projekt ist deutschlandweit einmalig und wird in den nächsten Jahren Ziel zahlreicher Studienbesuche von Polizeieinheiten aus allen Bundesländern.

Die »Karstadt-Wache« im Schaufenster zeigt die Polizisten im wahrsten Wortsinn »in der Auslage«.

Polizisten im Schaufenster sind nicht nur zum Ansehen da
Neues gläsernes Kontaktbüro bei Karstadt in der Obernstraße

Von unserem Redaktionsmitglied
Jürgen Neidhardt

Die Kriminalität in Bremen geht permanent zurück. Bereits in den ersten vier Monaten dieses Jahres waren es 2958 Straftaten weniger als im gleichen Zeitraum des Vorjahres – das sind 11,7 Prozent. Dies betonte Innensenator Ralf Borttscheller gestern bei der Eröffnung eines „Kontaktbüros" der Polizei an der Obernstraße – „ein weiterer Meilenstein in der bremischen Sicherheitspolitik".

In einem Karstadt-Schaufenster wird Sicherheit seit gestern nicht nur zur Schau gestellt. Während der Ladenöffnungszeiten ist die neue Polizei-Außenstelle ständig mit ein oder zwei Beamten – je nach Tageszeit – besetzt. Bremer und Touristen sollen dort Hilfe und Rat finden – von schnellem Handeln nach Straftaten bis hin zu touristischen Informationen über Roland und Rathaus.

Dienst tun dort Beamte der Innenstadt-Wache, aus Findorff und Schwachhausen. Sie verfügen über Funk, Telefon und Fax. Direkte Drähte zu Sicherheitsdiensten, Geschäftsleitungen und den Kollegen sollen auch schnelle Sofortmaßnahmen ermöglichen.

Bei der Eröffnung der „Karstadt-Wache" – die Polizei braucht übrigens nicht einen Pfennig Miete zu zahlen – freute sich Borttscheller auch über die Entscheidung des Bundesinnenministeriums, den Bremer Modellversuch der Zusammenarbeit von Bundesgrenzschutz und Polizei zur festen Einrichtung zu machen. Das garantiere rund 50 Beamte mehr im Innenstadtdienst.

Die Schaufenster-Wache ist eine Idee des Karstadt-Organisationsleiters Klaus Laderer, der sich, wie auch Geschäftsführer Heinz-Jürgen Wagner, davon noch mehr Sicherheit erhofft. Schon vorher seien die Ladendiebstähle bei Karstadt um rund 30 Prozent zurückgegangen. Insgesamt waren es für den Zeitraum Januar bis April 1999 in Bremen und Bremen-Nord 813 Ladendiebstähle weniger als im Vorjahr, entsprechend 23,7 Prozent. Borttscheller warnte eindringlich vor erneuten Sparmaßnahmen bei der Polizei: „Wer die Polizeipräsenz auf unseren Straßen ausdünnt, wird schnell die Erfolge der vergangenen Jahre wieder zunichte machen: wie gewonnen, so zerronnen."

Die neunziger Jahre

Im Dezember 1999 zieren Szenen aus dem Märchen »Dornröschen« die Schaufenster – eine Weihnachtsdekoration der besonderen Art. Um Gerüchten vorzubeugen: Von hundertjährigem Schlaf ist bei Karstadt keineswegs die Rede. Aber bald soll ja das neue Jahrtausend wachgeküßt werden...

Das 21. Jahrhundert

2000

Von März bis Juni 2000 zeigt die Kunsthalle eine Großausstellung über die Künstlergruppe »Der Blaue Reiter«. Das Haus Obernstraße paßt in Kooperation mit der Kunsthalle seine Schaufensterdeko völlig dem Ereignis an – mit symbolischen blauen Pferden und großformatigen Reproduktionen von Gemälden – Beispiel für die immer stärkere Integration des Hauses in das Kulturleben der Stadt Bremen.

Wie erfolgreich die Vernetzung mit den Kulturinstitutionen ist, zeigen die Zahlen der Ausstellung: Rund 150.000 Besucher werden gezählt, und ein besonderes Phänomen tritt zutage: Während üblicherweise der Sonntag als besucherstärkster Tag bei Museen und Galerien gilt, verschiebt sich das Schwergewicht der Besuchermengen auf den Sonnabend. Die Kombination aus Kulturerlebnis und Einkaufsspaß wird ein durchschlagender Erfolg.

Mathias Ecke wird nach Stuttgart berufen, Christoph Kellenter folgt als Zweiter Geschäftsführer in Bremen nach.

»Der Blaue Reiter« – Karstadt präsentiert die Ausstellung der Kunsthalle und erzielt starke Synergieeffekte.

Das 21. Jahrhundert

2001

Das Musical-Theater am Richtweg ist im März Bühne der Karstadt-Modenschau. In den Dekorationen des Musicals »Jekyll & Hide« wird präsentiert, was die Modeschöpfer für die nächste Saison kreiert haben.

Abendgarderobe und aufregende Dessous finden mit der Musicalbühne einen ebenso passenden wie außergewöhnlichen Rahmen wie die neueste Freizeitmode.

Auch dieses Gemeinschaftsprojekt zeugt von der Einbindung des Bremer Hauses in die kulturelle Landschaft der Hansestadt und setzt die lange Tradition der Karstadt-Modenschauen fort.

Das 21. Jahrhundert

Gemeinsam mit dem »Universum Science Center Bremen« veranstaltet das Haus Obernstraße im Juni und Juli eine Ausstellung im dritten Stock, mit der Karstadt sozusagen zu einer Außenstelle des jüngsten Bremer Museums wird. Auf 150 Quadratmetern (und in

den Schaufenstern) werden Exponate und Experimente aus den Erlebniswelten des »Universum« präsentiert – und vom Publikum eifrig angenommen. Wie groß das Interesse ist, zeigt auch die Rücklaufquote des Gewinnspiels – über 55 % der aufgelegten Gewinnkarten werden eingereicht!

Das 21. Jahrhundert

Baustellenzeit in Bremen: Die Obernstraße wird aufgebuddelt, neue Straßenbahngleise werden gelegt, die Bürgersteige neu gepflastert... Gemeinsam mit der städtischen Bremen-Marketing realisiert Karstadt das Maskottchen »Buddel«, einen Maulwurf im Bauarbeitergewand, der um Verständnis für die Arbeiten wirbt und den Innenstadtbesuchern die Zeit des »Löcherhopsens« humorvoll versüßen soll. Die fröhliche Anzeigen- und Plakatkampagne ist ein voller Erfolg. Die in dieser Form nur in Bremen erhältlichen »Buddel«-Stofftiere (von der Karstadt-Eigenmarke »Kuschelwuschel«) entwickeln sich zum Verkaufsschlager. Es werden in drei Monaten 50.000 Buddel verkauft. Von jedem verkauften Buddel geht eine Mark

Professor Hans-Iko Huppertz von der Prof.-Hess-Kinderklinik (links) nimmt von »Buddel persönlich« den Scheck der Buddel-Aktion entgegen. Neben ihm Heiko Kerkhoff, Klaus Sondergeld und Bausenatorin Christine Wischer. Der Erste Geschäftsführer Heinz-Jürgen Wagner übergibt weitere 11.328,43 Euro, die bei dem Weihnachtsbasar eingenommen wurden. (»Die Welt«, 8. Januar 2002)

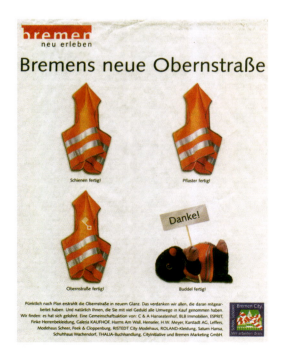

Das 21. Jahrhundert

Spende an die Bremer Stiftung für Kinder e.V. Dazu kommt noch der Ertrag einer Weihnachtsbasar-Aktion, die von Karstadt mit prominenten Bremern in der Lloyd-Passage durchgeführt wird.

Zum Jahresende herrscht – hinter den Kulissen – eifrige Betriebsamkeit im ganzen Haus: Die D-Mark geht, der Euro kommt. Zwar sind schon längst alle Preise in beiden Währungen ausgezeichnet, aber die Vorbereitungen auf die tatsächliche Umstellung erfordern doch einigen Aufwand. Immerhin werden ja noch zwei Monate lang alte und neue Währung nebeneinander angenommen...

DM-Münzen für noch nicht auf Euro umgestellte Automaten erhalten Sie an der Servicekasse.

Unsere Servicekasse finden Sie im 1. Obergeschoss

2002

Die Währungsumstellung ist dank der intensiven Vorarbeit klaglos abgelaufen. Schon lange vor dem offiziellen Ende der D-Mark am 28. Februar zahlt der Großteil der Kunden nur noch in Euro. Wer für die letzten noch nicht umgestellten Automaten noch »mal 'ne Mark« braucht, wird an der Servicekasse bedient.

»Buddel« bleibt weiter aktiv, diesmal in der Sögestraße, die ebenfalls erneuert wird. Das bringt zwar zunächst einige Behinderungen im Zugang zum Sporthaus mit sich, dafür aber gerade zum »100jährigen« rund um den Ort des ersten Bremer Karstadt-Hauses ein wahrlich jubiläumswürdiges Umfeld.

Das 21. Jahrhundert

Zum Jahreswechsel 2001/2002 ist auch eine »schleichende« Umgestaltung im Haus Obernstraße abgeschlossen: die Einrichtung von Marken-Shops.

Dem veränderten Markenbewußtsein der Kundschaft – man geht nicht mehr einfach »einen Anzug kaufen« oder »ein Kleid kaufen« wie vor hundert Jahren zu Rudolf Karstadts Zeiten – wurde Rechnung getragen. In den Konfektionsabteilungen werden die Marken nicht mehr bunt gemischt präsentiert, sondern in einzelnen »Fachboutiquen«, wie sie ähnlich

Das 21. Jahrhundert

schon in anderen Bereichen, etwa in der Parfumerie, üblich sind. Die Kunden bummeln sozusagen durch eine Einkaufsstraße mit Fachgeschäften hochwertiger Waren – und bleiben doch immer bei Karstadt. Entsprechend der Positionierung des Bremer Hauses verstärkt Karstadt damit seine Präsenz auch im gehobenen Marktsegment.

Nur einige Beispiele aus der Vielfalt der Markenshops in der Konfektionsabteilung: Zero, U.S. Polo und Brax sind ebenso vertreten wie die Wäschemarken Desirée und Palmers.

Das 21. Jahrhundert

Noch eine Neuerung gibt es im Jubiläumsjahr: Das Haus Obernstraße verändert sein Gesicht. Neue leichte Flugdächer ersetzen die etwas massig wirkenden Vordächer und sorgen gerade in der schmalen oberen Sögestraße für ein großzügigeres Raumgefühl.
So wird auch nach hundert Jahren in Bremen weiter verbessert, verschönert, erweitert und umgestaltet – auf daß auch das zweite Jahrhundert von Karstadt in Bremen erfolgreich werden möge!

Noch ist es nur eine Fotomontage, aber bis zum 100. Geburtstag im Oktober 2002 wird die Fassade zur Sögestraße mit den neuen Flugdächern aus Glas so (oder so ähnlich) aussehen.

Das 21. Jahrhundert

Das Haus in Zahlen

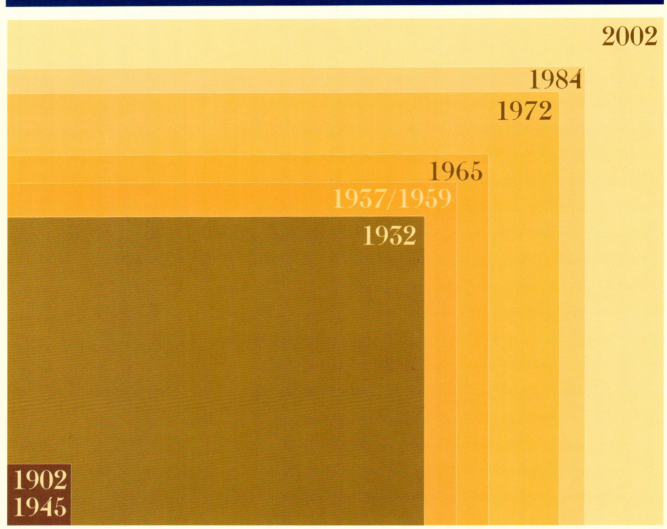

Weit hat sich Karstadt Bremen entwickelt im Laufe seiner hundertjährigen Geschichte: 1902 wurde mit einer Verkaufsfläche von gerade mal 400 Quadratmetern am ersten Standort Söge-/Pelzerstraße begonnen. Durch den Neubau 1932 wurde diese Fläche auf gut 13.000 Quadratmeter – und damit auf mehr als das 32-fache – vergrößert, 1937 dann auf 15.000 Quadratmeter.

Nach den Kriegszerstörungen mußte zunächst wieder auf 400 Quadratmetern begonnen werden, bis in den nächsten Jahren die Verkaufsfläche sukzessive erweitert werden konnte. 1959 war der Stand von 1937 wieder erreicht, und mit den Umbauten und Erweiterungen der 1970er Jahre erfolgte der Sprung auf rund 24.000 Quadratmeter. Bis 1989 hatte man eine Verkaufsfläche von über 32.000 Quadratmetern erreicht, zu der noch das Sporthaus – heute selbst fast zehnmal so groß wie das Stammhaus an derselben Stelle – hinzuzurechnen ist.

Zum hundertsten Jubiläum ist die Gesamtverkaufsfläche zwar nicht auf das hundert-, aber immerhin auf das neunzigfache dessen angewachsen, mit dem Rudolph Karstadt 1902 seine Bremer Filiale eröffnet hat.

Das Haus in Zahlen

1988 hat sich der Hausinspektor Fritz Huth die Mühe gemacht, die verschiedenen vorliegenden Daten in ein allgemeinverständliches Format umzurechnen. Und das sieht dann so aus:

Das Haus Karstadt in Bremen beschäftigt 1.300 Mitarbeiter. Die **Verkaufsfläche** beträgt zusammen mit dem Teppichcenter in Walle und dem Sporthaus in der Sögestraße 32.187 Quadratmeter. Dazu kommen noch ca. 42.000 Quadratmeter an Nebenflächen für Büro-, Atelier-, Lagerflächen und Technikräume. Allein die Nebenflächen entsprechen der Größe von 163 Tennisplätzen. Das Haus besitzt 13 Aufzüge, 27 Rolltreppen, eine Telefonanlage mit 600 Nebenstellen sowie 30 Amtsleitungen.

Der **Stromverbrauch** beträgt sieben Millionen Kilowattstunden, was dem Jahresverbrauch von 1.500 Einfamilienhäusern entspricht und rund 1,6 Millionen Mark kostet.

Für die **Heizung** werden an Öl und Gas ca. 700.000 Liter verbraucht. An einem einzigen kalten Tag sind das 9.000 Liter – das würde bei einem Einfamilienhaus für zwei bis drei Jahre reichen. Allein die Energiekosten für das Zu- und Ablüften im Sommer betragen über 500.000 Mark jährlich.

Für die **Reinigung** des Hauses werden 520.000 Mark ausgegeben. Der **Wasserverbrauch** beträgt rund 32.000 Kubikmeter, das entspricht etwa dem Wasserverbrauch von 1.400 Einfamilienhäusern. Das kostet jährlich 160.000 Mark.

Zahlreiche **Berufsgruppen** finden bei Karstadt einen Arbeitsplatz: Neben den bekannten Verkäuferinnen und Verkäufern werden Köche, Konditoren, Elektriker, Klempner, Pförtner, Buchhalter, Krankenschwestern, Frisöre, Schauwerbegestalter, Siebdrucker, Feuerwehrmänner, Kraftfahrer, Schneiderinnen und Schneider, Dekorateure, Teppichbodenverleger, KFZ-Handwerker, Schlachter und viele Hilfskräfte beschäftigt. Zwei Schulungsleiterinnen helfen bei der Ausbildung des Nachwuchses und geben Hilfestellung zur Fortbildung. 65% aller Kosten entfallen auf Löhne und Gehälter. Bei einem Warenverkehr von hundert Mark müssen 1988 rund zwanzig Mark an Personalkosten eingerechnet werden.

30 Mitarbeiter arbeiten im **Restaurant** für das leibliche Wohl unserer Gäste. 2.500 Gerichte, warm und kalt, werden am Tag ausgegeben, 800 Stück Kuchen, 1.850 Tassen Kaffee, 2.100 Erfrischungsgetränke sowie rund 160 Eisbecher kommen noch hinzu. In unserer **Fleischerei** wird jedes Jahr eine kleine Farm verarbeitet: 520 Bullen, 2.900 Schweine, 100 Lämmer, 70 Kälber. Das Gesamtgewicht ist auf ca. 538.000 Kilo zu veranschlagen.

In der **Lebensmittelabteilung** werden ungefähr elfeinhalbtausend verschiedene Artikel angeboten und täglich rund 12 Tonnen verkauft. Die Kunden haben die Wahl zwischen 350 Käse-, 572 Wurst- und 392 Weinsorten.

Die **Konditorei** beschäftigt vier Meister, zehn Gesellen und zwei Hilfskräfte. Sie produziert zwischen 4.30 und 15 Uhr. Die Jahresproduktion umfaßt unter anderem 23.000 Torten, 200 Kilo Baumkuchen, 650 Kilo Weihnachtsstollen, 1.350 Kilo Klaben, außerdem rund 140.000 Brote und 810.000 Brötchen. Dazu kommen noch die französischen Spezialitäten nach den Rezepten von Gerard Methel: 55.500 Baguettes, 207.400 Petit pains und 410.000 Stück Laugengebäck.

Die **Werbeabteilung** beschäftigt allein über 40 Mitarbeiter für das »Visual Merchandising« des Hauses. Die Ausgaben für das Material betragen jährlich über 500.000 Mark. Dazu kommt noch die Bearbeitung aller Werbeaktivitäten wie z.B. Anzeigen, Prospekte und Aktionen mit einem Etat von fünf Millionen Mark.

Die **Inventurdifferenzen und Diebstähle** betragen im Jahre 1988 zu Einkaufspreisen umgerechnet 1,9 Millionen Mark. Zehn Detektive schnappen 1.375 »Kunden«, die einen Gesamtschaden von 112.864 Mark anrichteten.

Der Erwerb der Grundstücke in der Sögestraße

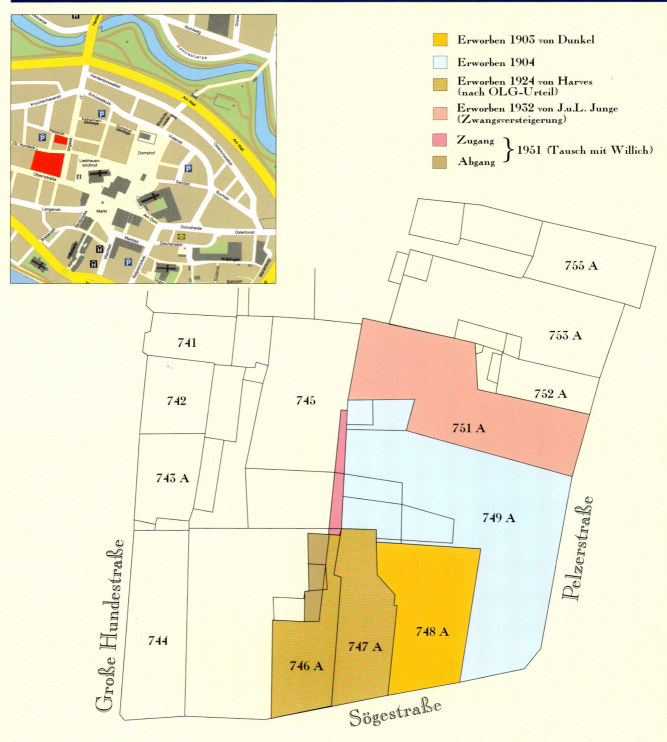

nach einer Pause des Katasterplans von 1930

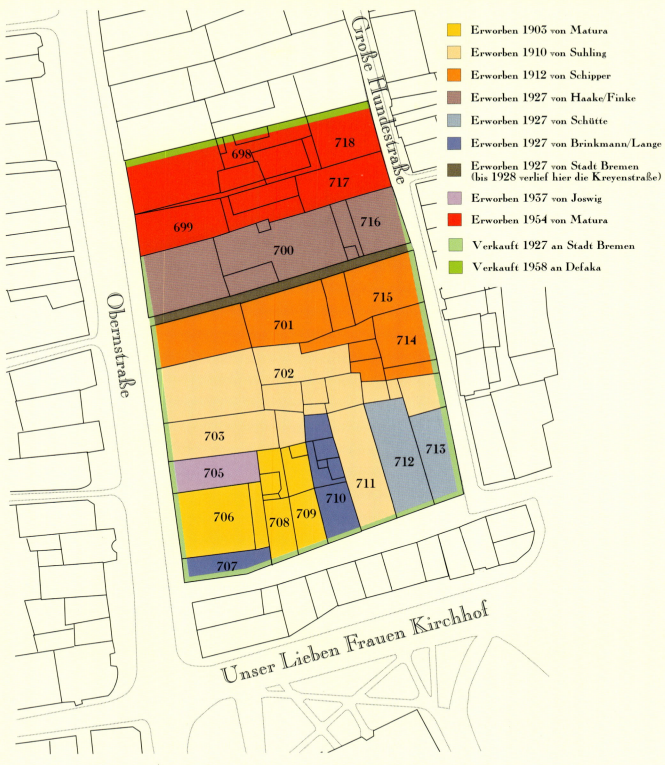
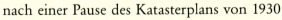

Kundendienste

Kundendienste

»*Lückenlose Materialkenntnisse und Beherrschung der modernen Verkaufspsychologie zeichnen die gute Verkäuferin aus. Aber auch eine gepflegte, anziehende Erscheinung und gleichbleibende Freundlichkeit gehören zu ihrem Beruf. Ist sie doch die direkte Mittlerin zwischen Geschäft und Kunden.*«

So beschreibt der Text aus den 1950er Jahren zum Foto links die Anforderungen an jene Mitarbeiterinnen (und Mitarbeiter), mit denen die Kunden im häufigsten Kontakt stehen.

Aber ein modernes Großkaufhaus bietet neben all dem, was Rudolph Karstadts »Mode-, Manufactur-, Confections- und Ausstattungs-Geschäft« anzubieten hatte, eine Menge von Kundendienst-Einrichtungen, die nicht immer auf den ersten Blick augenfällig sind, jedoch zu einem zeitgemäßen Unternehmen dazugehören.

Im Laufe der Zeit wurden immer wieder neue dieser Einrichtungen geschaffen oder den Erfordernissen entsprechend umgestellt. Die nachfolgende alphabetische Auflistung gibt nur einen Teil von dem wieder, was Karstadt in Bremen an Kundendienstleistungen zu bieten hat oder einmal hatte:

Änderungsschneiderei
Antennenservice
Augenoptik-Studio
Auspuffschnelldienst
Auto-Ölwechsel
Autoreifen-Servicecenter
Bildereinrahmungen
Briefkasten, Briefmarkenautomaten
Buch- und Tonträger-Bestellservice
Devisen-Umtauschkasse
Einbau von Autoradios
Ersatzteillager für Schnellkochtöpfe
Fotokopierer
Fotostudio für Kinder und Familien
Frisiersalon
Gardinen ausmessen, nähen, anbringen
Geldautomat
Gepäckaufbewahrung
Gepäckservice zum Auto
Geschenkverpackungsdienst
Hochzeits- und Geschenklisten
Hundebox mit Wasserstelle
Kartenvorverkauf für Theater und Konzerte
Kinderhort
Kinderschuh-Meßservice
Kosmetik-Beratung
Kreditbüro
Kundengarderobe
Kundenkarte
Kunden-Kredit-Service
Kundentelefone
Laufmaschenreparatur
Lebensmittel-Bestellservice
Lieferung frei Haus
Lotto/Toto-Annahmestelle
Parkvergünstigung nach dem Einkauf
Party Service
Reinigungs-Annahme
Reisebüro
Rundfunk- und Fernseh-Reparaturdienst
Sammelkasse
Schildergravuren
Schlüsseldienst
Schnellfoto-Kabinen
Schuhschnellreparatur
Stempelanfertigung
Taxe-Cheque Service
Technischer Kundendienst (»Rat & Tat«)
Telefonischer Bestellservice
Tennis- und Squashschlägerbespannung
Teppichverlegeservice
Uhrreparaturen
Versicherungsberatung
Visitenkarten-Druckautomat
Wintersportservice
Zuschneidedienst für Kleiderstoffe
Zweiradservice

Dazu kommt noch der Service »hinter den Kulissen« für Sicherheit und Wohlbefinden der Kunden – vom Baby-Wickelraum über die Erste Hilfe durch hauptamtliche Krankenschwestern, die hauptamtlichen Feuerwehrleute bis hin zur behindertengerechten Zentral-Toilettenanlage.

Und weil Kundendienst eben mehr ist als nur der Aufgabenbereich der Verkäuferin, sollen auf den nächsten Seiten einige dieser Dienste hinter und vor den Kulissen vorgestellt werden.

Kundendienste

Empfänger: Kundenabteilung Karstadt, Bremen, Sögestrasse

Als ich Ihre Werbung heute morgen erstmals im Radio hörte, war ich entsetzt. Ich bin empört darüber, daß von Ihrer Firma Schmerzlaute zur Werbung für den Schlußverkauf eingesetzt werden.

Wird in der Welt nicht schon genug geschrien, z.B. unter der Folter, in der Krankheit, von Unterdrückern? Ist es notwendig, daß ein solcher harter und geschmackloser, um nicht zu sagen brutaler Ton, angeschlagen wird? Glauben Sie ernsthaft, daß die Menschen, von Aua-Schreien umgeben, mehr kaufen? Ich empfinde Ihre Werbung als Hohn gegen alle Menschen, die Schmerzen leiden und diese nur noch durch Schreie ausdrücken können.

Warum lassen Sie Ihre Preise nicht rutschen und dabei fröhlich lachen? Niedrig gerutschte Preise erfreuen den Verbraucher, und warum soll Einkaufen keine Freude machen?

Ich glaube, daß Ihre "schreireiche Werbung" niemanden Vorteile bringt. Sie trägt nur Aggressivität bei und davon haben wir doch schon meh...

Mit ... mehr "Fingerspitzengefühl", auch ...

Sehr geehrte Damen und Herren,

am 9.11.85 erwarb ich in Ihrem Hause eine Packung Briefklammern. Der Aufschrift zufolge sollten sich 100 Klammern in der Packung befinden. Da bei Ihnen leider keine Möglichkeit besteht diese Aussage auf ihren Wahrheitsgehalt zu überprüfen, tat ich dies zu Hause.
Beutelschneider! Roßtäuscher! Betrüger der Leichtgläubigen! Ausbeuter der Arglosen!
Ganze 98 Stück waren vorhanden.
Darum muß ich Sie auffordern mir entweder:
A. Die fehlenden 2 Klammern zu schicken
B. Oder mir die Kosten zu ersetzen (1 Klammer 0,0225DM x 2= 0,045 DM

Sollte dergleichen aber ein zweitesmal vorkommen, kaufe ich nächstemal nicht mehr bei Karstadt, sondern bei Horten!

Vor einigen Wochen hatten Sie ein fürchterliches graues Roboterungewegen mit Ratte um den Hals im Erdgeschoß herumlaufen, welches Leute erschreckte. Ich hielt das für einen traurigen Einzelfall, den ich der Fa. Karstadt nicht weiter ankosten möchte.
Gestern passierte aber auch, daß meine Frau und meine dreijährige Tochter von einem lila Ungetüm von hinten angetickt wurden und sich natürlich fürchterlich erschraken.
Während meine Tochter viel darüber sprach und abends nicht einschlafen mochte, hatte meine Frau den ganzen Tag Schüttelfrost und Kopfschmerzen.

Kundendienste

Anregungen, Wünsche, Beschwerden – zum Kundendienstalltag gehört auch die Behandlung von allem, was so an Schriftlichem hereinflattert.

Manches ist berechtigt, anderes beruht auf einem Mißverständnis, wieder anderes ist in erster Linie kurios – aber in jedem Fall muß darauf reagiert werden.

Hier ein paar Beispiele aus dem »Kummerkasten«, von der Kritik an der Werbung über die »nicht vollständige Lieferung« von hundert Büroklammern (für die wir nun wirklich nichts können) bis hin zum falschen Knopf. Nicht in jedem Fall ließ sich die Ursache

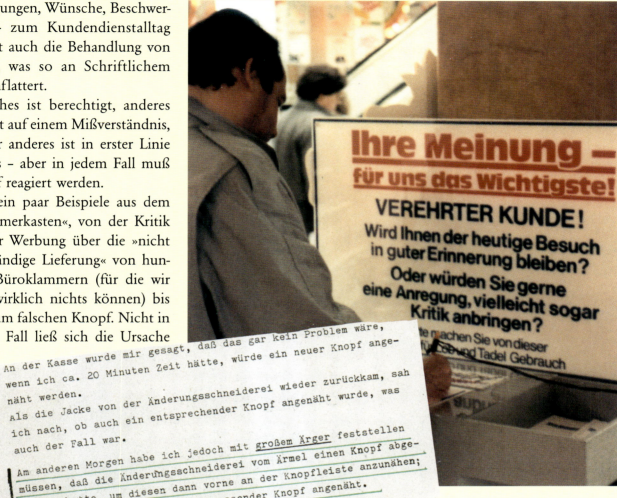

des Kundenärgers so leicht rekonstruieren wie im Fall links, wo vom »fürchterlichen grauen Robotermonster« sogar noch ein Foto aufzutreiben war.

Besonders erfreulich für die Mitarbeiter des Kundendienstes ist es aber, wenn dann im Erledigungsvermerk stehen kann: »... was als sehr hervorragend und großzügig empfunden wurde«.

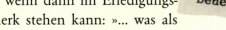

Kundendienste

In einem Buch über die Geschichte der Bremer Karstadt-Häuser in den ersten hundert Jahren dürfen natürlich »historische Dokumente« nicht fehlen. Zu diesen gehört nicht nur der Aufsteller rechts, sondern vor allem die Hauszeitschrift, die sozusagen zu den »objektiven Quellen« dieses Rückblicks zählt. Ein besonderes Kleinod ist dieser Bericht aus den 50er Jahren über die spezielle Situation des Kundendienstes gerade in Bremen:

»Wenn man von Bremen als dem ›Schlüssel zur Welt‹ spricht, so muß selbstverständlich auch unser Haus und insbesondere unser Kundendienst diesem Anspruch Rechnung tragen. Tatsächlich dürfte unser Kundendienst besonders vielseitig und interessant sein.

Fast täglich kommen Anfragen und Bestellungen aus dem Ausland, oder es werden persönliche Einkäufe getätigt, und dann wird die Ware, von uns ›überseemäßig verpackt‹, ihren oft recht weiten Weg ins Ausland nehmen. Bis Alaska reicht unser Kundenkreis! Wenn dann – oft erst nach Monaten – ein Schreiben mit der Nachricht des guten Empfanges eintrifft, so ist natürlich die Freude groß. Sehr viele Ausländer, besonders Dänen, Schweden und Franzosen, lernen durch den Reiseverkehr unser Haus kennen, und so ergibt sich manche Nachbestellung, denn die Devisen reichen oftmals nicht für den persönlichen Einkauf.

Die Treue halten uns auch unsere Kunden, welche jetzt bei den Deutschen Botschaften, z.B. in Athen, Belgrad und sogar Houston (Texas), tätig sind.

Unsere Kataloge machen eine weite Reise!

Sehr begehrt und lange erwartet ist immer: ›Alles für Ihr Heim‹. Noch lange nach dem Erscheinen des Kataloges erreichen uns Bestellungen, besonders Lampen, Gardinen und Dekostoffe sowie Bettwäsche sind gefragte Artikel. Unsere Insulaner – Borkum, Norderney, Spiekeroog an der Spitze – zählen zu unseren guten Kunden.

Und wieviele Kunden kommen aus der Umgebung! Ich erlebe es so mit, wie die Familie um den Tisch herum sitzt, der Katalog wird durchgeblättert, für jeden etwas herausgesucht und die Bestellkarte an uns ausgefüllt. Besonders zur Weihnachtszeit erreichen sie uns in großen Mengen und gerade diese Bestellungen, manchmal aus den entlegensten Ortschaften kommend, werden mit besonderer Liebe erledigt, denn ungesehen kaufen setzt ja ein besonderes Vertrauen voraus!

Sehr viel Freude machte vor einigen Wochen der Einkauf mit der Besitzerin einer bei Abeking & Rasmussen, Vegesack, vom Stapel gelaufenen Holzyacht, der größten ihrer Art in der ganzen Welt. Von uns wohl ausgerüstet mit vielen Sachen für die Küche und was noch zur Behaglichkeit fehlte, hat sie ihre große Fahrt angetreten. ›Vedersein‹, so klingt es, wenn ein Amerikaner ›Wiedersehn‹ sagt, und auf diesen Namen wurde sie getauft.

›Vedersein‹ – das wünschen auch wir!

Lena Wilhelm«

Kundendienste

Hilfe von kundiger Hand

Über einen anderen Bereich des Dienstes (nicht nur) am Kunden berichtet die Hauszeitschrift in der Form einer »Erste-Hilfe-Bilanz für 1956«. Die Originalfotos zum Artikel zeigen eine Form der Betreuung, die fast ein halbes Jahrhundert später in dieser Form auch schon längst nur mehr Geschichte ist...

IN BREMEN:
Unser Tagebuch aus dem Geschäftsjahr 1956 weist insgesamt 628 Hilfeleistungen auf, ohne Berücksichtigung der Fälle, wo das Einnehmen einer Tablette schon Abhilfe schaffte. Bei den 628 „Patienten" waren 68 Kunden-Fälle. Allein 15 Kunden purzelten unsere Rolltreppe hinunter und weitere 15 fielen in Ohnmacht.
Für unseren Kollegenkreis haben wir 1956 übrigens vorwiegend Pflästerchen gebraucht. Unser Tagebuch registriert im Laufe des Jahres über 500 Heftpflaster, und von diesen 500 Heftpflastern kamen 364 auf verletzte Finger! Praktisch ging also pro Tag ein Finger kaputt. Aber wenn man die Fälle datumsmäßig betrachtet, findet man viele Tage ohne Schnittwunden und dazwischen plötzlich einen, wo 2, 3 oder sogar 6 Finger verletzt wurden, als wenn auch hier das Gesetz der Serie waltet. Das ist übrigens ähnlich mit den Kundenfällen. Tagelang, ja wochenlang ist Ruhe, und plötzlich passieren 2 und 3 Unfälle gleichzeitig. Wenn man bedenkt, daß unter unserem Dach täglich ca. 1500 Menschen arbeiten, ist unsere Bilanz erfreulich gering. Besonders als wir uns die Eintragungen aus Schlußverkaufs- und Weihnachtswochen ansahen, dachten wir, daß alle die äußerste Energie aufgebracht haben, durchzuhalten, denn die Patienten-Zahl gerade dieser im Haus so turbulenten Tage war ganz klein.
Rosa Drygala und Hildegard Schütte

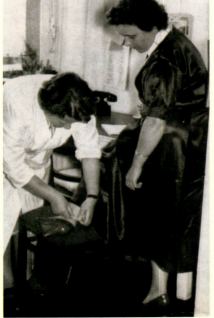

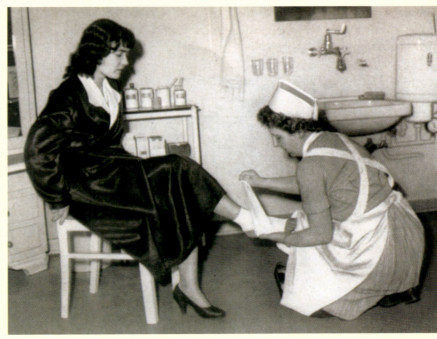

Kundendienste

DER *Helfer der Reisenden*

Aus jener Wirtschaftswunder-Zeit, in der zwar das Reisen schon fast wieder selbstverständlich geworden war, keineswegs aber das »Reisebüro im Kaufhaus«, nämlich von 1957, stammt der folgende Bericht der Hauszeitschrift über das DER-Karstadt-Reisebüro in Bremen. Das Foto oben zeigt jenes »neue, leuchtende Gewand«, von dem der Artikel spricht.

»Zu einer besonderen Art Kundendienst dürfen wir auch die Reisebüros in unseren größeren Häusern rechnen. Über eines von ihnen, das amtliche Reisebüro DER in der Filiale Bremen, berichtete dessen Leiter, Theodor Kracke, unseren Lesern schon im vorjährigen Juni/Juli-Heft [...] Nach Umbau und Modernisierung präsentiert sich heute dieses Reisebüro im neuen, leuchtenden Gewande. Aus diesem Anlaß gibt Herr Kracke auf unseren Wunsch einige interessante Auskünfte über die diesjährige Reisesaison, aus denen die außerordentliche Bedeutung des lawinenartig anschwellenden Reiseverkehrs hervorgeht, aber auch Rückschlüsse gezogen werden können auf die weitreichende Tätigkeit unserer Reisebüros als ›Helfer der Reisenden‹.«

Kundendienste

Die Mannschaft des Reisebüros (das nebenstehende Gruppenbild von 1993 beweist, daß hier viel eher von einer »Frauschaft« gesprochen werden müßte) präsentiert sich aber nicht nur als »Helfer der Reisenden«, wenn man darunter die Kunden von Karstadt versteht: Unternehmensweites Aufsehen erregte 1970 eine Aktion, die sich

Flugreisen nach New York

KARSTADT Bremen plant im April und Juli 1970 zwei 3wöchige Gruppenflüge für Betriebsangehörige, deren Ehegatten und abhängige Kinder sowie der in Wohngemeinschaft mitlebenden Eltern von Frankfurt nach New York und zurück mit einer Linienmaschine — Boeing 707 — zu günstigen Preisen ab DM 586,— bei 150 Teilnehmern. Bei 50 bis 149 Personen erhöht sich der Preis pro Teilnehmer um DM 73,—. Der Preis stellt nur die Flugkosten dar und muß noch von den Regierungen bestätigt werden. Interessenten, die die USA weiter per Flug, Bus oder im Leihwagen bereisen wollen, können durch unser einziges firmeneigenes Reisebüro in Bremen Informationen und Reservierungen aller Art erhalten. Frühzeitige Anmeldungen nur erbeten an:

KARSTADT Bremen
Personalabteilung, 28 Bremen 1
Postfach 911, Tel. 0421-31 40 31

an Firmenangehörige wandte und einen für die damalige Zeit recht günstigen Flug nach New York anbot. Der Hauszeitschrift war auch diese Aktion samt den Überraschungen für die Fluggäste einen Artikel samt Bild wert (rechts).

Überraschung beim Start nach New-York

Am 4. April starteten vom Flughafen Findel/Luxemburg 37 Karstädter zum „Sprung über den Atlantik". Das Karstadt-Reisebüro in Bremen hatte diesen Flug ins „Land der unbegrenzten Möglichkeiten" — Zielflughafen New York — für Karstadt-Mitarbeiter zu Niedrigstpreisen arrangiert. Weitere Flüge sind geplant. Nicolas Scholer, Seniorchef unserer Luxemburger Partnerfirma MONOPOL, hatte es sich nicht nehmen lassen, die ersten 37 New-York-Reisenden persönlich zu begrüßen und ihnen ein schmackhaftes „Freßpaket" mit auf die Reise zu geben.

Kundendienste

Auch **Modenschauen** sind Dienst am Kunden. Schon ab 1953 führt Karstadt wieder vor, was die Dame so trägt. Bei Kaffee und Kuchen und niedrigsten Eintrittspreisen finden diese Darbietungen reichlich Resonanz bei unseren Kundinnen – überwiegend sind es da-

Die Schaufensterpassage ist gesteckt voll mit Interessenten, als Ende der fünfziger Jahre die neueste Sommermode nicht nur von Schaufensterpuppen, sondern von lebenden Modellen präsentiert wird (oben). Rechts die neuesten Bademoden für die Saison 1956.

Kundendienste

mals doch die Damen, die die Schauen besuchen, zumal Herren etwa für die »Schau neuartiger Damen-Wäsche« (noch) nicht zugelassen sind. Wohl deswegen gibt's auch keine Fotos...

Während in den 50er und 60er Jahren (oben) die Vorführdamen noch majestätisch über den Laufsteg schreiten, beginnen sie in den 70ern, sich rhythmisch zu bewegen – die Schauen werden immer revueartiger. Da reicht ein begleitender Pianospieler längst nicht mehr aus.

Wer aber glaubt, daß die Informationsflut des 21. Jahrhunderts der Modenschau den Garaus gemacht hat, der täuscht sich, wie der große Erfolg der Modenschau 2001 im Musical-Theater beweist (rechts). Und inzwischen sind auch bei der Dessous-Präsentation die Herren zugelassen...

Hinter den Kulissen

Hinter den Kulissen

Um den Kunden »vorne« ein Einkaufserlebnis bieten zu können, muß natürlich auch hinter den Kulissen allerlei passieren – und viele »Karstädter« waren und sind in Bereichen tätig, in die das Auge der Kunden nicht fällt. Ein Blick in die »Eingeweide« des Hauses Obernstraße zeigt gefüllte Regale mit dem Nachschub für den Verkauf, aber auch tiefe Abgründe und die nackte Tatsache, daß die Schaufensterpuppen im Schaufenster um einiges besser aussehen als im Depot...

Hinter den Kulissen

Hinter den Kulissen

Überall aber sind die »Karstädterinnen und Karstädter« am Werk, ob in der Bäckerei oder in der Fleischwarenabteilung, in der Schreinerei oder als Lageristen mit dem Palettenhubwagen, an den Rohrleitungen (es ist nicht alles Silber, was glänzt!) oder im Mehllager...

Ein besonderes Beispiel für die vielfältigen Berufe, die es bei Karstadt Bremen im Lauf dieses ersten Jahrhunderts seiner Geschichte gegeben hat, haben wir in einer alten Ausgabe der Hauszeitschrift gefunden: Karstadt Bremen hatte noch in den 50er Jahren tatsächlich einen hauptamtlichen Fahrstuhlmonteur! Und da ja die Triebwerksräume der Fahrstühle ganz oben montiert waren (und sind), hat der Artikel schon recht, wenn er vom »höchsten Bremer Mitarbeiter« spricht...

Otto Scharnweber (60), Fahrstuhlmonteur in BREMEN, in seiner Freizeit begeisterter Gärtner, erzählt:
„Bei Windstärke 11 bis 12 wurden unsere Fahrstühle stillgelegt."
„In Bremen?"
„Nein, auf der Bremen."
„Ach, so — sind denn auf so einem Dampfer auch Fahrstühle?"
„Und ob, auf der Bremen waren es 26 Personen- und Lastenfahrstühle, bei deren Montage ich mitarbeitete, und deren Wartung mir dann übertragen wurde. Und da fuhr ich denn 3 Jahre zur See, bis meine Frau es nicht mehr wollte. Wir waren jung verheiratet, und meistens war ich nur einige Stunden zu Hause und dann wieder 14 Tage unterwegs auf der Route Bremerhaven — New York, und in den ersten 3 Ehejahren niemals bei Muttern zu Weihnachten, das war nicht auszuhalten.

Ja, und so kam ich dann zu Karstadt. Da hatten wir 1932 schon Rolltreppen außer den Fahrstühlen. Im vergangenen Jahr habe ich bereits mein 25jähriges hier gefeiert.

Leicht ist meine Arbeit nicht, die Reparaturen sollen möglichst den Verkehr nicht aufhalten, und wie soll es auch möglich sein, im Hochbetrieb auf einen Fahrstuhl zu verzichten, da heißt es vorbeugen und sehr gut pflegen. Wer gut schmiert, der gut fährt. Die beiden Rolltreppen haben uns vor Weihnachten trotzdem einigemal Kummer gemacht. Vor allem bei der Abwärtsfahrt genügt schon ein kleiner Sohlenschoner oder ähnliche Metallteilchen, um den Apparat stillzulegen. Dann dauert das Auseinandernehmen oft ebenso lange wie die ganze Reparatur, vor allem jetzt bei den neuen Treppen, die aus Schönheitsgründen viel schwieriger auseinanderzunehmen sind."

Für einige Sekunden hörte der Lärm im Motorenraum auf, da zufällig alle Fahrstühle mal gleichzeitig standen, und erst dann merkte man, wie laut es normalerweise bei unserm „höchsten" Mitarbeiter ist. Über das Dach des 6. Stockwerks führte mich Herr *Scharnweber* dann noch zu dem Motorenraum der 4 Lastenaufzüge, und außer der herrlichen Aussicht auf die Stadt hatten wir da oben eine recht kräftige Brise!

Leoni Seegers

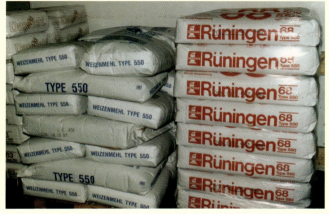

153

Die finanzielle Seite

»Was verdient so ein ›Karstädter‹ in Bremen?« – diese (unausgesprochene) Frage soll nicht unbeantwortet bleiben.

Wenn es auch unmöglich ist, einen realistischen Überblick über die Löhne und Gehälter im Laufe dieser hundert Jahre zu geben, so sollen hier doch ein paar Kennziffern aus dem Bremer Einzelhandelstarif im Laufe der Jahre einigen ausgewählten Preisen gegenübergestellt werden. Schließlich hat sich in der hundertjährigen Geschichte des Hauses auch auf diesem Gebiet einiges getan!

Für Verkäufer fast unerschwinglich: VW Käfer 1961.

Noch Anfang der 50er Jahre gab es unterschiedliche Gehaltsklassen für Männer und Frauen (Verkäuferinnen lagen beim Gehalt 1954 um 10 DM niedriger). Und mußte ein Verkäufer mit seinem tariflichen Endgehalt 1950 zwanzig Brutto-Gehälter aufwenden, um einen Käfer zu kaufen, so bekam er (oder sie) 2000 einen viel reichhaltiger ausgestatteten Golf für acht.

Alle Gehälter und Preise sind in DM angegeben, die Preise für Brot beziehen sich auf einfaches Graubrot.

	Ausbildungs-vergütung 1. Lehrjahr	Anfangsgehalt Verkäufer/-in	Endgehalt Verkäufer/-in	Milch (1 Liter)	Brot (1 Kilo)	Ein VW Käfer (ab 1980 Golf)
1950	25.00	120.00	220.00	0.70	0.43	4,400.00
1955	30.00	140.00	255.00	0.80	0.66	3,790.00
1962	35.00	285.00	475.00	0.58	0.88	4,200.00
1969	130.00	393.00	666.00	0.74	1.19	4,525.00
1975	295.00	840.00	1,275.00	1.06	2.02	6,620.00
1980	470.00	1,180.00	1,740.00	1.16	1.83	10,955.00
1985	562.00	1,439.00	2,090.00	1.21	2.23	14,320.00
1991	780.00	1,850.00	2,665.00	1.26	2.71	18,145.00
1996	985.00	2,200.00	3,232.00	1.29	3.12	22,430.00
2000	1,044.00	2,410.00	3,535.00	1.40	3.60	28,250.00

Die soziale Seite

Karstadt ist von jeher für seine Sozialleistungen bekannt gewesen. So besaß das Unternehmen eigene Erholungseinrichtungen für seine Mitarbeiter, zum Beispiel in Schierke im Harz (bis zum Kriegsende) und in der Eifel in Nideggen. Dort standen dem Bremer Haus jährlich fünf Plätze zur Verfügung. Bedürftige Mitarbeiter konnten hier zwei Wochen Urlaub genießen. Der Aufenthalt und die Anfahrt waren kostenfrei, nur die Urlaubstage mußten angerechnet werden.

Des weiteren gab es Urlaubsbeihilfen in Form von finanzieller Unterstützung aus einem Fonds für besondere Fälle.

Für die nach Kriegsende übliche Winterbevorratung an Kohlen und Kartoffeln gab es Beihilfen aus einer Vorschußkasse.

In allen Fällen der Beihilfe entschied die Geschäftsleitung zusammen mit dem Betriebsrat, nach Vorschlägen aus den Abteilungen.

Ebenso gehörte die Hilfe bei der Wohnraumbeschaffung in der Nachkriegszeit zu den sozialen Leistungen des Unternehmens. Mancher Mitarbeiter hätte seine Position in Bremen nicht antreten können, wenn Karstadt mit Mietvorauszahlungen, Kautionen und anderen Garantien nicht in Vorleistung getreten wäre.

Das Mitarbeitererholungsheim in Schierke im Harz.

Die Gäste werden mit Auto und Chauffeur vom nahegelegenen Bahnhof abgeholt.

So wurde im Jahre 1958 der Bezug einer Wohnung u.a. davon abhängig gemacht, daß Karstadt vom Vermieter seine Tabakwaren bezog.

Die Gewährung von Vorschüssen und Anzahlungsverträgen gehört auch heute noch zu den vielgefragten Sozialleistungen unserer Firma.

Einkaufsvergünstigungen gehören seit jeher zu den Sozialleistungen für Karstadt-Mitarbeiter. War es früher die Einkaufskarte, so ist heute der Personalkauf über die Scheckkarte die Normalabwicklung. Gekauft wird heute, abgezogen im nächsten Monat. Die Mitarbeiter sparen dabei 10 % oder 15 %. Übersteigt der gewährte Rabatt einen bestimmten Betrag, kommt das Finanzamt und holt sich vom »geldeswerten Vorteil« etwas zurück.

Früher galten andere Regelungen: Geschäftsführer zum Beispiel erhielten 25 %, Abteilungsleiter durften in ihrer Abteilung zum Einkaufspreis plus 25 % einkaufen, Mitarbeiter erhielten auf alle gekauften Artikel 15 % Personalrabatt. Die etwas geringeren Sätze heute werden durch andere Leistungen mehr als ausgeglichen.

Die Zeiten haben sich gewandelt. Manche der früher angebotenen Leistungen sind heute überflüssig, dafür sind andere hinzugekommen. Weihnachts- und Urlaubsgeld, Firmenrente und Erfolgsbeteiligungen sind zur Selbstverständlichkeit geworden. Heirats- und Geburtshilfe, Zuschuß zum Krankengeld, Weiterzahlung der Bezüge im Todesfall, Zuschüsse aus dem Unterstützungsfonds und Jubiläumsgelder sind freiwillige Sozialleistungen des Unternehmens.

Betriebsrat und Betriebssport

Auch bei Karstadt Bremen gibt es natürlich einen Betriebsrat. Und wie in allen Häusern ist er einerseits Schnittstelle zwischen Unternehmensleitung und Mitarbeitern, andererseits auch durchaus eine Institution mit Eigeninitiative. Hier ein kurzer Überblick über die Entwicklung der betrieblichen Mitbestimmung:

Mit Einführung des Betriebsrätegesetzes **1920** sind für alle Unternehmen, in denen ein Aufsichtsrat besteht, zwei Betriebsratsmitglieder in dieses Gremium zu entsenden. Dieser erste Ansatz einer Mitbestimmung in Unternehmen endet bald nach Beginn der NS-Zeit.

Mit der Einführung des Betriebsverfassungsgesetzes am 11. Oktober **1952** wird die Beteiligung von Arbeitnehmern in Aktiengesellschaften neu geregelt. Für die Arbeitnehmervertreter tritt eine Drittel-Beteiligung im Aufsichtsrat in Kraft.

1972 folgt eine Neuregelung zur Freistellung von Betriebsratsmitgliedern entsprechend der Anzahl der im Betrieb tätigen Mitarbeiter.

1976 wird das Gesetz über die Mitbestimmung der Arbeitnehmer für Betriebe mit über 2.000 Mitarbeitern erweitert. Die Besetzung der Aufsichtsräte wird jetzt durch eine gleiche Zahl von Vertretern der Anteilseigner und der Arbeitnehmer vorgeschrieben. Hinzu kommt ein Mitglied aus den Reihen der leitenden Angestellten auf die Seite der Arbeitnehmerbank. Um aber Pattsituationen auszugleichen, erhält der Vorsitzende des Aufsichtsrates ein doppeltes Stimmrecht – so ganz paritätisch ist die Besetzung damit doch nicht...

Die Betriebsrätin überzeugt sich in der Küche der Personalkantine davon, daß alle Betriebsvorschriften im Interesse der Mitarbeiter eingehalten werden.

Das Bremer Haus ist durch den Vorsitzenden der Betriebsrates, Wolfgang Pokriefke, von 1983 bis 1987 und ab 1994 im Aufsichtsrat vertreten.

Auch im Gesamtbetriebsrat unseres Unternehmens sind fast ständig Mitarbeiter aus dem Hause Karstadt in Bremen tätig.

In beiden Gremien können so die gewählten Betriebsratskollegen ihren Einfluß für unser Haus zur Geltung bringen.

Aus alten Protokollen des Betriebsrates

1954:

Der Betriebsrat fordert gleiche Bezahlung für weibliche und männliche Mitarbeiter (bisher ist es noch Gepflogenheit gewesen, den Frauen einen Abschlag von 10 % »zu gewähren«).

Die Tasse Kaffee kostet im Casino 15 Pfennig, aber Dosenmilch gibt es nicht dazu.

Der Betriebsrat fordert die vom Vorstand empfohlenen Sitzgelegenheiten an. Das wird vom Geschäftsführer mit den Worten »Wir wollen verkaufen und nicht sitzen!« erneut abgelehnt. Noch im gleichen Jahr werden die vom Mitbegründer unseres Unternehmens Theodor Althoff bereits 1915 verordneten Papierkästen, mit Klappdeckel zum Sitzen, auch in Bremen eingeführt.

Das Thema »Verkauf an zwei oder drei Sonntagen vor Weihnachten« ist groß in der Diskussion.

1955:

Am 10. Februar teilt der Betriebsrat den Mitarbeitern mit, daß in der nächsten Zukunft nunmehr endgültig Toilettenpapier »auf 17« – wie das »stille Örtchen« intern heißt – angebracht werden soll.

Betriebsrat und Betriebssport

Der Betriebsrat gibt die Empfehlung heraus, bei der Beerdigung eines Betriebsangehörigen in Zukunft dafür zu sorgen, daß eine zahlreiche Abordnung aus der Abteilung teilnimmt.

Die Bücherei

In den frühen 50er Jahren gab es eine Betriebsbücherei in unserem Haus. Wer sie einmal eingerichtet hat, die Geschäftsleitung oder der Betriebsrat, konnte auch anhand alter Betriebsratsprotokolle nie genau geklärt werden. Wichtig ist nur die Feststellung: Es gab eine, und sie hatte mit über 1350 Bänden auch einen recht ansehnlichen Umfang.

Die Verwaltung und das Verleihgeschäft lag in den Händen der Arbeitnehmervertreter.

Das Entleihen in der ersten Woche war kostenfrei, für spätere Rückgaben wurde ein Groschen pro Woche an Gebühren erhoben. Aus den eingenommenen Geldern wurden jeweils neue Bücher angeschafft.

Da das dem Verwaltungsgremium aber zu langsam voran ging, mußten neue Einnahmequellen erschlossen werden. So organisierte der Betriebsrat einen Verkauf von Kopfschmerztabletten und Damenbinden für den »schnellen Bedarf«. Auch Einnahmen aus der Kaffeekasse der ehrenamtlichen Mitarbeiter trugen zur Stärkung der Bücherkasse bei. Bei einer Revision wurde einmal festgestellt, daß ein Teil des Bücherbestandes aus sogenannter »Schundliteratur« bestanden haben soll – man erinnert sich, der Kampf »gegen Schmutz und Schund« war in den 50er Jahren auch in der Bundespolitik ein beliebtes Thema. Das führte zu Kontroversen, und der gleiche Abteilungsleiter (der Fachmann aus der Bücherabteilung), der den Grundstock der Bücherei zusammengestellt hatte, mußte nun seine eigenen Bücher wieder aussortieren...

Und was lernen wir daraus? Auch in den frühen Jahren des Wirtschaftswunders war ein »sauberes Lager« wichtiger als alle Fachkompetenz.

Irgendwann in den 70ern wurde die Bücherei mangels Nachfrage aufgegeben. Das Fernsehen und der sich nun langsam verbreitende Trend zum eigenen Buch im eigenen Bücherschrank (wo ja auch dieses hoffentlich einen Ehrenplatz erhalten wird) machte diese liebenswerte Einrichtung überflüssig. Aber vergessen ist sie nicht...

Arbeitnehmerschutz im Brennpunkt: Mitte der 50er Jahre wird darüber diskutiert, ob sich Verkäuferinnen während der Arbeit auch mal kurz hinsetzen dürfen. Die Hauszeitschrift berichtet 1957 über die Erfahrungen.

Die Verkäuferin in der Stoffabteilung scheint sich über die Sitzgelegenheit wohl zu freuen!

Betriebsrat und Betriebssport

Eng mit den Aktivitäten des Betriebsrats verbunden ist (oder besser: war) auch der **Betriebssport** im Haus Bremen. Schon Anfang der 40er Jahre gab es eine Jugendsportgruppe, ab Anfang der 50er Jahre nahmen die Betriebssportaktivitäten einen rasanten Aufschwung.

Zu Beginn wurden sie durch den sogenannten Sportgroschen der Unternehmensleitung gefördert, d.h. für jeden Mitarbeiter gab es 10 Pfennig pro Monat für den Sportbetrieb. Das Geld stand dem Betriebsrat zur Verfügung, nachdem dieser einen Vorsitzenden der Betriebssportgemeinschaft gewählt hatte. Aus dem Hause Bremen sind die Abteilungsleiter Hellpap und sein Nachfolger Hopf als aktive Vorsitzende bekannt.

Jugendsportgruppe auf dem Dach des Karstadt-Hauses, um 1940.

In Bremen wurden Tischtennis, Leichtathletik, Fußball und Schwimmen betrieben. Leichtathletik stand in Bremen klar an der Spitze der Beliebtheit. Mancher Mitarbeiter »erarbeitete« sich nach Feierabend noch das Sportabzeichen, andere erschwammen sich den Frei- oder Rettungsschwimmerschein.

Der Fußball mußte offiziell bereits 1954 wieder aufgegeben werden, da für den Betriebssport am Wochenende keine Plätze vom Sportamt mehr zur Verfügung gestellt wurden. Die Privatinitiative einiger Mitarbeiter ließ aber die Mannschaft weiter leben. Turniere mit Karstadt-Mannschaften in Hamburg, Hannover, Braunschweig, Dortmund, Düsseldorf und anderswo, sowie mit Mannschaften befreundeter Firmen am Ort, zogen eine rege Reisetätigkeit nach sich. Selbst in der Stadthalle wurden noch bis in die siebziger Jahre große Fußballturniere organisiert und unter Beteiligung von Werder Bremen die Sieger ermittelt.

Für das Jubiläumsjahr 1956 wurde vom Unternehmen eine »Deutsche Karstadt Meisterschaft« in den Sportarten Fußball und Tischtennis ausgeschrieben. Die Regionalmeister wurden zwar noch ermittelt, nach einigen Unliebsamkeiten wurden die Turniere jedoch nicht

Herzlich willkommen zum Stadthallenturnier 1976!

zu Ende geführt (man erzählt sich, die »Münchener« hätten ihre Niederlage in Karlsruhe nicht verkraftet und als »Karstadt-Fußball-Team« ihre Hotelunterkunft demoliert).

Lange gab es in Bremen noch den Schwimm-Club: Ein exklusiver Verein, der anscheinend nur Abteilungsleitern offen stand. Als dann so langsam jeder seine Badewanne zu Hause hatte, ist auch diese Gemeinschaft untergegangen.

Als der »In-Sport« Tennis sich entwickelte, entstand in Bremen eine lose Tennisgemeinschaft. Interne Turniere und Spiele mit befreundeten Clubs brachten neuen Schick in den Betriebssport. Auch konnte so die nutzlose Zeit am Morgen von den »Schlados« mit Tennis sinnvoll genutzt werden.

Die Zeiten haben sich geändert, sportliche Aktivitäten finden heute nur in kleineren Kreisen oder abteilungsintern statt. Selbst der einst beliebte Preisskat, jeweils am Dienstag vor dem Bußtag, ist der neuen Feiertagsordnung zum Opfer gefallen...

Betriebsrat und Betriebssport

Sport-Splitter: Gruppenbild mit Gegner (Karstadt Braunschweig, ganz oben), zwei Sieger vom Deko-Team 1967 (links), Impressionen vom Stadthallenturnier 1976 (oben), zu Gast im Beckerboom beim T.V. Süd (unten links) und Freundschaftsspiel gegen Karstadt Altona am 9.7.1966 (unten rechts).

Der »erste Karstädter«

Rudolph Karstadt

Der Firmengründer wird am 16. Februar 1856 in Grevesmühlen geboren. Sein Vater Christian ist Färbermeister und Inhaber einer Warenhandlung. Rudolph erhält im väterlichen Betrieb seine Ausbildung und bleibt dort bis 1881 angestellt.

Am 14. Mai 1881 eröffnet er unter dem Namen seines Vaters mit Unterstützung seiner Geschwister Ernst und Sophie, einem Startkapital von 1000 Thalern und einem Lieferwagen voller Waren in der Krämerstraße 4 in Wismar sein erstes »Manufactur-, Confections- und Tuchgeschäft«. In der Ankündigung der Eröffnung schreibt Karstadt: »Es wird stets mein Bestreben sein, mir durch strengste Reellität das Vertrauen der mich Beehrenden zu erwerben, und wird der Verkauf zu sehr billigen festen Preisen, aber nur gegen Baar stattfinden. Ich erlaube mir auf diese Gelegenheit, preiswerthe Einkäufe zu machen, hinzuweisen.

Hochachtungsvoll
C. Karstadt
Wismar, den 4. Mai 1881«

Günstige, aber feste Preise und Barzahlung – damit bricht er mit der herkömmlichen Praxis im Einzelhandel, nach der die Preise »verhandelt« und die Zahlungen kreditiert, d.h. »angekreidet« wurden. Dadurch schafft er sich die Voraussetzung für genaue Kalkulation und die für günstige Einkaufskondi-

tionen notwendige Liquidität. Der Betrieb floriert, 1894 wird er in Rudolph Karstadt umfirmiert und eine erste Filiale in Lübeck entsteht, bald gefolgt von weiteren: Neumünster, Braunschweig, Kiel, Mölln, Eutin. 1900 kauft Rudolph seinem in Schwierigkeiten gekommenen Bruder Ernst dessen 13 Geschäfte in Mecklenburg, Pommern und Hamburg ab, als 25. Filiale entsteht Bremen (1902). Bis 1920 gehören dem Unternehmen 31 Geschäftshäuser an, in denen vorwiegend mit Textilien, Damen- und Herrenkonfektion, Teppichen und Gardinen gehandelt wird.

Schon früh werden eigene Werkstätten und Produktionsbetriebe ins Unternehmen eingebunden – 1911 ein »Stofflager in Berlin für die Anfertigung der Damenkonfektion«, ab 1912 eine eigene Wäschefabrik in Berlin, 1919 eine Herrenbekleidungsfabrik in Stettin. Auch die Bremer Filiale unterhält eine eigene Werkstätte – hier werden unter anderem Ledermöbel für die Kaiserliche Marine gefertigt.

Persönliche Sparsamkeit – Sparsamkeit bis zum Geiz – scheint ein herausragendes Charaktermerkmal Karstadts und seiner Frau gewesen zu sein – jedenfalls erzählt man sich bis heute Anekdoten wie diese:

Nach der Einstellung des Ersten Geschäftsführers Georg Schreiter für das Haus Hamburg-Mönckebergstraße 1912 ging Karstadt mit Schreiter und dem Bürovorsteher in eine Gaststätte und bestellte drei Glas Bier zu je zehn Pfennig. Am Schluß bezahlte er die dreißig Pfennig. Als seine Frau Auguste davon Wind bekam, machte sie ihm erhebliche Vorwürfe. Karstadt bereute seine Großzügigkeit. Der Bürovorsteher mußte die zehn Pfennig zruückzahlen, dem Geschäftsführer wurden sie vom Gehalt abgezogen...

1917 erfolgt eine erste Kontaktaufnahme mit Theodor Althoff, dessen Geschäftsfeld ähnlich strukturiert ist, dessen Unternehmen aber als erstes in Deutschland über einen Zentraleinkauf verfügt. 1918 wird die Einzelfirma in eine Kommanditgesellschaft (mit Th. Althoff als Komplementär) umgewan-

Der »erste Karstädter«

Das Stammhaus in Wismar auf einer undatierten Aufnahme.

delt, 1920 erfolgt die Umwandlung in eine AG und kurz darauf die Fusion mit der Althoff KG.
Bereits mit der Eröffnung des Hauses Mönckebergstraße in Hamburg 1912 hatte Rudolph Karstadt den Schritt vom traditionellen Laden zum modernen Großkaufhaus vollzogen, 1929 wird Europas modernstes Warenhaus am Berliner Hermannplatz eröffnet. Die stolze Bilanz des Unternehmens zum 50-jährigen Jubiläum anno 1931 beläuft sich auf 89 Filialen mit rund 30.000 Mitarbeitern. Die Weltwirtschaftskrise macht auch vor Karstadt nicht Halt. Die bis dahin erfolgreiche Gesellschaft gerät in eine tiefe finanzielle Krise; selbst Rudolph Karstadts Privatbesitz wird zur Rettung des Betriebes nicht geschont. Eine umfassende Reorganisation des Unternehmens mit Hilfe eines Bankenkonsortiums überwindet schließlich den betrieblichen Tiefpunkt, Rudolph Karstadt aber scheidet endgültig aus der aktiven Leitung des Unternehmens aus und wechselt in den Aufsichtsrat.
Am 15. Dezember 1944 stirbt der Firmengründer im Alter von fast 89 Jahren in Schwerin.

Die Unternehmensgeschichte

Karstadt Bremen ist ja nicht nur ein Haus der Karstadt-Gruppe, sondern vor allem auch Teil des größten Warenhauskonzerns Europas. Deswegen wollen wir an dieser Stelle kurz die Geschichte des Gesamtunternehmens darstellen.

1881
Rudolph Karstadt eröffnet am 14. Mai sein erstes Geschäft in Wismar.

1882
Oscar Tietz gründet mit dem Startkapital seines Onkels Hermann Tietz in Gera das »Garn-, Knopf-, Posamentier, Weiß- und Wollwarengeschäft Hermann Tietz«.

1884
Umfirmierung von »C. Karstadt« auf Rudolph Karstadt als alleinigen Inhaber. Eröffnung des ersten Zweiggeschäfts in Lübeck. Aufnahme unmittelbarer Beziehungen zu Fabrikanten. Bis 1893 Gründung weiterer sechs Filialen.

1885
Der Textilkaufmann Theodor Althoff – geboren am 9. Oktober 1858 in Dülmen – übernimmt von seiner verwitweten Mutter ein »Kurz-, Weiß- und Wollwarengeschäft«. Wie Karstadt bietet er günstige feste Preise bei Barzahlung.

1886
Gründung der ersten Althoff-Filiale in Rheine.

1889
Nach weiteren Filialgründungen Althoffs im westfälischen Raum Einführung des Zentraleinkaufs und der Zentralregulierung.

1890
Althoff rationalisiert den Zentraleinkauf durch zentrale Musterungen (in der Filiale Rheine); eine absolute Neuerung im deutschen Einzelhandel!

1896
Umfirmierung des Tietz'schen Geschäfts in »Warenhaus Hermann Tietz«. Der Name des ersten Kapitalgebers bleibt in der Zusammenziehung HERTIE bis heute erhalten.

1900
Rudolph Karstadt kauft von seinem Bruder Ernst dessen 13 Geschäfte in Pommern, Mecklenburg und Hamburg.

1902
Gründung der Filiale Bremen.

1906
Im Jahr des 25jährigen Firmenjubiläums betreibt Rudolph Karstadt bereits 24 Kaufhäuser im norddeutschen Raum.

1910
Th. Althoff verfügt zum Zeitpunkt seines 25jährigen Firmenjubiläums im Jahr 1910 über 11 Filialen.

1912
Karstadt eröffnet das erste Großstadt-Warenhaus im norddeutschen Raum in Hamburg an der Mönckebergstraße (rund 10.000 m² Verkaufsfläche). Verlegung der Zentrale in die Hansestadt.
Althoff eröffnet in Essen am Limbecker Platz das größte westdeutsche »Provinzialwarenhaus« (rund 10.000 m² Verkaufsfläche; 53 Fachabteilungen).

KarstadtQuelle^AG

Die Unternehmensgeschichte

1917
Erste Fühlungnahme Rudolph Karstadts mit Theodor Althoff. Die Gleichartigkeit beider Unternehmen legt ein Zusammengehen nahe.

1919
Erstes »loses« Abkommen zwischen Karstadt und Althoff über einen gemeinsamen Einkauf beider Firmen unter Leitung des straff geführten Zentraleinkaufs der Theodor Althoff KG.

1920
Umgründung der Rudolph Karstadt KG in eine Aktiengesellschaft am 19. Mai (mit Wirkung vom 1. Februar). Die Gründer: Rudolph Karstadt, Kommerzienrat Hermann Schöndorff, Dr. Friedrich Schmitz (Althoffs Schwiegersohn). Der Firmensitz ist Hamburg.

Mitte 1920 Fusion der Rudolph Karstadt AG mit der Theodor Althoff KG. Althoff tritt neben den Gründern der Aktiengesellschaft in den Vorstand ein.

Zum Zeitpunkt der AG-Gründung verfügt Karstadt über 31, Althoff über 13 Verkaufshäuser.

Es folgt ein Jahrzehnt stürmischer Expansion vornehmlich durch Erweiterung bestehender und Übernahme weiterer Filialen. Gleichzeitig werden zahlreiche weitere Produktionsbetriebe, vornehmlich im Textil-, Möbel- und Lebensmittelbereich dem Unternehmen angegliedert.

1923
Gustav Schickedanz gründet in Fürth die Firma »Gustav Schickedanz, Kurzwaren en gros«.

1926
Gründung der EPA Einheitspreis AG unter maßgeblicher Initiative von Heinrich Althoff, dem Sohn des Mitbegründers. Dieses nach amerikanischem Muster konzipierte Filialunternehmen verzeichnet bald erstaunliche Erfolge. 1932 gibt es schon 52 EPA-Filialen im Reichsgebiet. Der Umsatz mit Artikeln des täglichen Bedarfs in den vier Verkaufspreislagen von 10, 25, 50 und 100 Pfennigen, erreicht 1932 rund 100 Mio. RM.

1927
Fusion mit der M.J. Emden Söhne KG. 19 Waren- und Kaufhäuser werden als Filialen mit teilweiser Umfirmierung auf Rudolph Karstadt AG übernommen.

G. Schickedanz gründet das »Versandhaus Quelle« in Fürth.

Die Unternehmensgeschichte

1929
Eröffnung des Hauses Berlin-Hermannplatz am 21. Juni; mit 37.000 Quadratmetern Verkaufsfläche eines der größten und mit zahlreichen technischen Neuerungen das modernste Warenhaus Europas. Fusion mit der seit 1887 bestehenden Lindemann & Co. KG, die zur Angliederung weiterer 15 Filialen führt.

1931
Im Jahr des 50jährigen Firmenjubiläums betreibt die Rudolph Karstadt AG 89 Filialen im Reichsgebiet, die rund 200 Mio. RM umsetzen; etwa 30.000 Mitarbeiter (einschl. Tochtergesellschaften).

Am 26. August stirbt Firmenmitbegründer Theodor Althoff im Alter von 72 Jahren.

1931–1932
Durch die sich auch auf Deutschland auswirkende Weltwirtschaftskrise, die eine Absatzkrise zur Folge hat, gerät das Unternehmen in eine angespannte finanzielle Lage, die durch die Folgen einer forcierten Expansion noch verschärft wird. Beginn einer durchgreifenden Reorganisation mit Hilfe eines Bankenkonsortiums: rigorose Schuldentilgungspläne; Verkauf oder Liquidation der mehr als 25 Produktionsbetriebe; Verkleinerung des Filialnetzes; Verkauf der EPA Einheitspreis AG an ein Bankenkonsortium (unter Wahrung des Rückkaufrechts).
Die Hauptverwaltung und der Zentraleinkauf werden am 1. Januar 1932 von Hamburg nach Berlin verlegt.

1933-1934
Die Reorganisation führt zu einer finanziellen Gesundung des Unternehmens, doch wird der Geschäftsgang zunächst noch durch die NS-Boykotthetze gegen die Warenhäuser (Punkt 16 des NS-Parteiprogramms) und durch die warenhausfeindliche Gesetzgebung (Gesetz zum Schutz des deutschen Einzelhandels, 1933) beträchtlich erschwert.

1939
Das organisatorisch und finanziell wieder gefestigte Unternehmen erreicht seinen wirtschaftlichen Höhepunkt der Vorkriegszeit: Die 67 Filialen im Reichsgebiet (Grenzen 1937) erzielen einen Gesamtumsatz in Höhe von 299,7 Mio. RM auf einer Verkaufsfläche von rund 260.000 m², 21.000 Mitarbeiter werden beschäftigt.

1944
Firmengründer Rudolph Karstadt stirbt am 15. Dezember in Schwerin.

1945
Der Zweite Weltkrieg endet für das Unternehmen mit einer niederschmetternden Bilanz: Enteignung von 22 Filialen und sonstiger Vermögenswerte in der sowjetischen Besatzungszone sowie in den von Polen und der UdSSR verwalteten deutschen Ostgebieten; mehr als 30 der in den drei westlichen Besatzungszonen sowie in Berlin (West) verbliebenen 45 Karstadt-Verkaufshäuser sind entweder vollständig zerstört, ausgebrannt oder auf das schwerste beschädigt. Der Verkauf geht unter primitivsten Bedingungen weiter. Der Wareneinkauf hat vielfach den Charakter von »Kompensationsgeschäften«. In den folgenden Jahren langsam fortschreitender Wiederaufbau der Filialen.

1948
Die Währungsreform markiert den Beginn des wirtschaftlichen Wiederaufbaus in Westdeutschland, an dem auch die Rudolph Karstadt AG durch die steigenden Masseneinkommen und die dadurch zunehmende Konsumneigung der Bevölkerung teil hat.
Aufnahme der Rudolph Karstadt AG in die »Intercontinentale Warenhausgruppe«, Lausanne.

Josef Neckermann gründet die »Textilgesellschaft Neckermann KG«, Textilgroßhandel.

Die Unternehmensgeschichte

1950
Gründung der Neckermann Versand KG.

1952
Rückerwerb der Majorität (75%) des Gesellschaftskapitals der Westdeutschen Kepa Kaufhaus GmbH, Essen (vollständiger Rückerwerb: 1958).

1956
Die Rudolph Karstadt AG begeht ihr 75jähriges Firmenjubiläum. Im selben Jahr überschreitet die Rudolph Karstadt AG (einschl. Kepa) mit 1,135 Mrd. DM erstmals die Umsatzmilliarde. Die Zahl der Filialen beträgt bei Karstadt 49, bei der Kepa 51, in denen insgesamt rund 30.750 Mitarbeiter auf rund 222.000 m² Verkaufsfläche beschäftigt sind.

1963
Änderung des Firmennamens »Rudolph Karstadt Aktiengesellschaft« in »Karstadt AG«. Sämtliche Filialen, auch jene, die noch den Namen des Mitbegründers Althoff tragen, firmieren ab sofort einheitlich unter »KARSTADT«; einzige Ausnahme ist zu dieser Zeit das Karstadt-Haus »Oberpollinger« in München.

1969
Die neue Hauptverwaltung in Essen-Bredeney wird bezogen. Provisorien hatte es seit 1950 in der Filiale Essen, Limbecker Platz, und an weiteren 12 Betriebsstellen in Essen gegeben.

1971
Gründung der TransEuropa Reisen GmbH, Nürnberg, eines gemeinsamen Touristikunternehmens der Großversandhaus Quelle Gustav Schickedanz KG, Fürth, und der Karstadt AG, Essen. Eröffnung der ersten Warenhäuser in voller Selbstbedienung in Hamburg-Neugraben, Kamen/Westfalen und Kiel-Wik.

1972
Umgründung der TransEuropa Reisen GmbH in KS-Touristik-Beteiligungs-GmbH, Nürnberg, die ihrerseits 25% des Kapitals der Touristik Union International GmbH KG (TUI) hält.

1974
Gründung der Karstadt SB-Warenhaus GmbH, einer Tochtergesellschaft der Kepa Kaufhaus GmbH.

1976
Vereinbarung über eine maßgebliche Beteiligung der Karstadt AG an der in wirtschaftliche Schwierigkeiten geratenen, in eine AG umzuwandelnde Neckermann Versand KGaA (Auflage des Bundeskartellamtes: Verkauf des Karstadt-Anteils am Kapital der KS-Touristik-Beteiligungs-GmbH).

1977
Erwerb von 51,2 % des Kapitals der neu gegründeten Neckermann Versand AG (137,4 Mio DM Aktienkapital). Beschluß über die Integration der Kepa-Kaufhäuser in das Karstadt-Warenhaus-Filialnetz, da für diesen in den ersten Nachkriegsjahrzehnten sehr erfolgreichen Betriebstyp im Hinblick auf den immer härter gewordenen Wettbewerb im Einzelhandel auf Dauer keine Rentabilität mehr gesehen wird. 25 der 67 Kepa-Filialen werden von Karstadt übernommen, die übrigen verkauft oder verpachtet. Die 18 Karstadt-SB-Warenhäuser werden vollzählig in das Karstadt-Filialnetz eingegliedert. In den Jahren 1977–79 werden 17 der ehemals 34 Neckermann-Warenhäuser auf Karstadt umgestellt, davon werden drei als Möbel- und Einrichtungshäuser betrieben. Im gleichen Zeitraum werden 17 neue Karstadt-Warenhäuser in Betrieb genommen.

1980
Im Spätherbst des Jahres 1980 findet die Expansionsphase des Jahrzehnts 1970–1980 ebenso wie die Umstrukturierungsphase 1977–1980 ihren Abschluß. Dieses Jahrzehnt war zugleich gekennzeichnet durch Diversifizierung und Spezialisierung in zukunftsorientierte Sortimentsbereiche:

Die Unternehmensgeschichte

1971 Einstieg in das Reisegeschäft; 1980 vermitteln die 84 Reisebüros und 29 Vermittlungsstellen touristische Leistungen im Wert von rund 345 Mio DM.

1972 Eröffnung des ersten Möbel- und Einrichtungshauses in München-Theresienhöhe (mit 20.000 m² Fläche); 1980 bestehen bereits sechs große Möbel- und Einrichtungshäuser und drei kleinere Möbelhäuser.

1976 Eröffnung des ersten Sporthauses; bis 1980 werden neun Sport-Spezialhäuser betrieben. Weitere Spezialhäuser, die in den Jahren 1977–1980 – ebenfalls als Betriebsabteilungen bestehender Karstadt-Warenhäuser – eröffnet werden, umfassen die Warenbereiche Mode, Heimtechnik, Schallplatten und Bücher, Spiel und Freizeit sowie Teppichböden.

Für die Diversifikation in die genannten Spezialsortimente finden ehemalige Neckermann-Häuser sowie Kepa-Filialen Verwendung.

1981

Die mit einem Aktienkapital von 360 Mio. DM ausgestattete Karstadt AG hat in ihren 155 Warenhäusern in 112 Städten der Bundesrepublik und Berlin (West) rund 9,566 Mrd. DM umgesetzt. Die Verkaufsfläche beträgt zum Jahresende 1,245 Mio. m².

Zusammen mit ihrer Tochtergesellschaft Kepa Kaufhaus GmbH, die Ende 1980 nur noch über zwei Filialen verfügt, wird im Karstadt-Bereich ein Umsatz von rd. 9.611 Mrd. DM erreicht.

Die Tochtergesellschaft Neckermann Versand AG setzt 1980 rund 1,675 Mrd. DM um.

Die »N-U-R Neckermann+Reisen GmbH«, eine Neckermann-Tochter, erzielt Veranstaltungserlöse von rund 1,195 Mrd. DM. Die Neckermann Eigenheim GmbH, ebenfalls eine Neckermann-Tochter, vermittelt 1980 den Verkauf von 3.021 Fertighäusern im Wert von rund 399 Mio. DM; der Wert der im gleichen Jahr aufgebauten Häuser beträgt 515 Mio. DM.

Die Zahl der Mitarbeiter beträgt am Jahresende 1980 im Karstadt-Bereich rund 74.800, im Neckermann-Bereich rund 9.700.

Mit einem Umsatz in Höhe von knapp 12,6 Mrd. DM und fast 85.000 Mitarbeitern ist der Karstadt-Konzern eines der größten Einzelhandelsunternehmen außerhalb der USA.

1984

Die Neckermann Versand AG wird in die Karstadt AG eingegliedert (nach Erreichen von über 95 % des Neckermann-Kapitals).

Gründung der Rat und Tat Technischer Kundendienst GmbH sowie der fachmarktähnlichen Filialkette Runners Point Warenhandels-Ges.mbH.

1987/88

Errichtung und Inbetriebnahme des Warenverteilzentrums Unna zur zentralen Belieferung der Filialen mit sogenannter »Stapelware« (länger unverändert nachdisponierbarer Artikel).

1990

Mit der Wiedervereinigung nimmt Karstadt das stationäre Geschäft im Osten des Landes wieder auf. Ab Frühjahr 1990 gibt es Kooperationsverträge mit zehn »Centrum«- und vier »Magnet«-Warenhäusern im Gebiet der ehemaligen DDR.

1991

Erwerb der GmbH-Anteile von sechs »Centrum«-Warenhäusern von der Treuhandanstalt, Anmietung von zwei »Magnet«-Kaufhäusern.

1992

Kooperation mit dem Warenhaus GUM in Moskau.

1993

Gründung der OpticPoint Warenhandelsgesellschaft mbH.

1994

Karstadt erwirbt 100 % des Stammkapitals der Hertie Waren- und Kaufhaus GmbH und übernimmt Hertie zur Gänze. Der Vorsitzende der Hertie-Stiftung, Dr. Sandler, wird Vorsitzender des Karstadt-

Die Unternehmensgeschichte

Aufsichtsrates. Die Hertie-Stiftung erhält 25% der Karstadt-Aktien. Der Karstadt-Konzern mit seinen rund 108.000 Mitarbeitern erwirtschaftet einen Umsatz von 27,1 Mrd. DM.

1995
Karstadt übernimmt 51 Prozent der Euro-Lloyd Reisebüro GmbH. Quelle eröffnet in Leipzig das modernste Versandzentrum der Welt. Karstadt ändert seine Führungsstruktur: Das Filialnetz wird in vier als selbständige Profitcenter operierende »Divisions« gegliedert. (Weltstadthäuser, Große City-Filialen, Mittlere Filialen, Kleine City-Filialen/Vorstadt-Filialen), anknüpfend an die bisherige Segmentierung des Vertriebsnetzes in strategische Geschäftseinheiten. Ziel der Divisionalisierung ist, künftig noch flexibler und marktnäher agieren zu können.
Karstadt Bremen gehört zu der Division eins und reiht sich somit in die Reihe der »Weltstadt-Häuser« ein.

1997
Die Karstadt AG gründet gemeinsam mit der Deutsche Lufthansa AG die »C & N Touristic AG« (Anteile jeweils 50 %).

1999
Das Lebenswerk Rudolph Karstadts wird vollendet: Aus der Verschmelzung der Karstadt AG mit der Schickedanz Handelswerte GmbH & Co. KG entsteht ein neuer Handels- und Dienstleistungsriese: die KarstadtQuelle AG, das größte Unternehmen seiner Art in Europa.

2000
Die Karstadt Warenhaus AG – hundertprozentige Tochtergesellschaft der KarstadtQuelle AG – übernimmt den Betrieb der Warenhäuser.

2002
Das Karstadt-Haus Bremen feiert sein hundertjähriges Bestehen.

Die Karstadt Warenhaus AG führt zu Jahresbeginn in Deutschland 187 Warenhäuser unter den Marken Karstadt, Hertie, KaDeWe, Wertheim und Alsterhaus, sowie 27 Sporthäuser unter der Marke Karstadt Sport und ist damit Europas größter Warenhauskonzern. Das Unternehmen beschäftigt rund 60.000 Mitarbeiter und erwirtschaftete im Jahr 2001 einen Umsatz von 7 Mrd. Euro.
Karstadt hat einen Marktanteil am deutschen Kauf- und Warenhausgeschäft von 38 Prozent und ist Marktführer in den Sortimentsfeldern Mode und Sport.
Täglich besuchen rund 2,5 Millionen Kunden unsere Filialen.

Die »Karstädterinnen«...

Wer sind sie also, die »Karstädterinnen« und »Karstädter«? Menschen wie du und ich, zweifellos. Und zum Beweis dessen lassen wir sie zum Abschluß dieses Buches noch einmal paradieren, die Kolleginnen und Kollegen, Mitarbeiterinnen und Mitarbeiter aus einem ganzen Jahrhundert Karstadt Bremen.
Da reihen sich beispielsweise die Damen aus der Wäscheabteilung auf, noch im alten Haus an der Söge-/Ecke Pelzerstraße Ende der zwanziger Jahre (oben). Da präsentiert sich die Belegschaft der

... und »Karstädter«

Frischfleischabteilung (im spröden Resopal-Charme der fünfziger Jahre) im vierten Stock des wiedereröffneten Hauses Obernstraße (links unten). Da steht der »lebende Schmuck« der Schmuckabteilung – schick in Strick, wie es dem Stil der Zeit entspricht (rechts). Die flotten Jungs der Herrenkonfektion (unten beim Gruppenbild mit Dame) – stets elegant wie die Produkte, die sie verkaufen – gehören mittlerweile auch schon längst zu den Karstadt-Pensionären...

Die »Karstädterinnen«…

Da sind sie, die Karstädterinnen – beim »Goldenen Sonntag« 1957 in der Konditorei (oben), bei einer Mittagspause auf dem Dach (unten links), in den braunen Nylon-Arbeitsmänteln der frühen 60er Jahre (unten rechts) und in der Pause schnell mal mit der Ein-

... und »Karstädter«

kaufstasche auf dem Weg zum Personaleinkauf (1964).

Manchmal vereint ein Bild drei spätere Prominente: Abteilungsleiter Bauckhage (oben, in der Mitte) wurde später Direktor, ebenso wie Herr Horn (links außen), während Herr Becker (rechts außen) zum Geschäftsleiter aufstieg.

Und es gibt ganz eindeutig ein Gemeinschaftsgefühl, wie nicht nur das Pausenbild rechts belegt.

Die »Karstädterinnen« und »Karstädter«

Auch das Kantinenpersonal hat eine Pause verdient (links), und nach der letzten Tasse Kaffee geht es wieder an die Arbeit.

Es gäbe noch viel zu berichten aus diesen hundert Jahren Karstadt Bremen: Von den »Karstadt-Ehen« etwa, die irgendwann sogar den Betriebsrat zu einer schriftlichen Stellungnahme gegenüber der Geschäftsleitung veranlaßt haben... Von den legendären Betriebsfesten der Wirtschaftswunderzeit, die mit aufwendiger Dekoration ausgestattet wurden (die dann aber fast nicht an den Ort des Geschehens hätte gebracht werden können, weil sie unter der Brücke nicht durchpaßte)... Von Flohmärkten und Kinderfesten, von Prominentenbesuch und Spendenaktionen... von... von... von...

Aber irgendwann muß Schluß sein, sonst wird dieses Buch erst zum 200. Jubiläum von Karstadt in Bremen fertig, und das soll ja doch nicht sein! Außerdem gibt es seit jeher einen Feierabend – und zehn Minuten Karenzzeit zum Abdecken der Ware (links, 1962).

Alles Gute zum Geburtstag!

In diesem Sinne wünschen wir ein schönes Fest zum hundertsten Geburtstag und viel Erfolg im zweiten Jahrhundert Karstadt in Bremen!

Impressum

Die Deutsche Bibliothek – CIP-Einheitsaufnahme

Ein gutes Stück Bremen :
hundert Jahre Karstadt in Bremen 1902–2002 /
Hans-Georg Schriever-Abeln. –
Bremen : Ed. Temmen, 2002

ISBN 3-86108-675-1

Bildquellen:
Sofern nicht anders angegeben, stammen alle Bilder aus den Archiven von Karstadt Bremen und der Karstadt-Zentrale in Essen oder wurden von privaten Leihgebern zur Verfügung gestellt.

Landesbildstelle Bremen: S. 9, 13, 25
Radio Bremen: S. 117, 118
Architekturbüro Ingenhoven & Ingenhoven: S. 119, 121
Staatsarchiv Bremen: S. 26, 41, 45

Der Dank des Autors gilt allen Karstadt-Mitarbeitern und Pensionären sowie deren Angehörigen, die ihn mit Wort- und Bildmaterial unterstützt haben, besonders aber:
H.H. Weiers, Margit Bartels, J. Homuth, Waldemar Warneke, Alfred Henn, Wilma Happe, Irene Lange, Lotte Lehmann, Hannelore Nustede, Hildegard Krenz, Erika Scholz, Claere Thormeier, Marta Carstens, Adele Petersen, Günter Priemer, Frau Kattau, Inge Arnault, Hildegard Köhler, Alexander Brenk, O. Stehmeier, Else Ströhmer, Käthe Generalski, Christian Dorna, Johanna Pinczak, Erwin Kraus, Hans-Peter Böttcher, Irmgard Rump, Lisa Loemker, Helga Dominik, Friedrich Lüdeke, Irmgard Viol, Friede Schepers, Franz Filipczak, Inge Natties, Fritze Huth, Alice Feuss, Maria Bachmann, Harry Tiedjen, Elli Bartusch, Ilse Buch, Senta Röder, Annelies Beltin, Johanna Krause, Klara Behrmann, Ossi Ortgies, Jochen Deter, Ute Hellwege, Jochen Mönch, Jürgen Bräuer, Erna Rosenbaum, H. Pachel, Ursula Parten, Willi Greulich und Uwe Engelbert.

Dank gebührt auch allen Fotografen, die im Lauf der Jahre für Karstadt gearbeitet haben. Ihre Fotos wurden verwendet, ohne daß sie im Einzelfall namenlich zugeordnet werden konnten.

Weiter sei gedankt den Karstadt-Abteilungen und den Stellen in der Hauptverwaltung, den Inserenten, den Ämtern der Freien Hansestadt Bremen, der Handelskammer, dem Einzelhandelsverband, dem Archiv der Bremer Tageszeitungen, dem Statistischen Landesamt, dem Katasteramt und dem Staatsarchiv Bremen für die bereitwillige Unterstützung.

Editorische Notiz:
Von zahlreichen der historischen Dokumente lagen nur – zum Teil ebenfalls schon als historisch anzusehende – Fotokopien vor. Um dem Buch mehr Lebendigkeit zu verleihen, wurden sie auf einen der Zeit angemessenen Papierhintergrund gestellt.

Satz und Gestaltung: L.P.G. Bremen

© 2002 by Edition Temmen
Hohenlohestr. 21 – 28209 Bremen
Tel. 0421-34843-0
Fax: 0421-348094
info@edition-temmen.de

Alle Rechte vorbehalten

ISBN: 3-86108-675-1